Yvonne Kejcz
Unser Hund wird alt

Yvonne Kejcz

Unser Hund wird alt

Franckh-Kosmos

Impressum

Mit 25 Cartoons von Klaus Häring und 21 Farbaufnahmen von Juniors Tierbild Archiv (S. 38ol), Eva-Maria Krämer (8), Werner Layer (4, S. 35o, 35u, 37o, 55u), Ingeborg Polaschek (5, S. 17ur, 36o, 38or, 38u, 56o) und der Autorin (3, S. 18).

Umschlaggestaltung von Jürgen Reichert, Stuttgart, unter Verwendung von 4 Farbaufnahmen von Ingeborg Polaschek (großes Bild) Werner Layer (Rückseite) und Eva-Maria Krämer.

Fachtierärztliche Durchsicht des Krankheitenkapitels: Dr. Dirk Mahler, Pforzheim.

Der Abdruck des Gedichtes von Pablo Neruda »Ein Hund ist gestorben« erfolgt mit freundlicher Genehmigung des Luchterhand-Literaturverlages (Copyright © 1985, 1988 by Luchterhand Literaturverlag, Hamburg).

Die Deutsche Bibliothek –
CIP-Einheitsaufnahme

Kejcz, Yvonne:
Unser Hund wird alt / Yvonne Kejcz. – Stuttgart : Franckh-Kosmos, 1994
    ISBN 3-440-06757-2

©1994, Franckh-Kosmos Verlags-GmbH & Co., Stuttgart
Alle Rechte vorbehalten
ISBN 3-440-06757-2
Lektorat: Angela Wolf
Herstellung: Kirsten Raue
Printed in Germany/Imprimé en Allemagne
Satz: G. Müller, Heilbronn
Herstellung: Huber KG, Dießen

Inhalt

Zur Einführung:
Viele gute Zeichen für alte Hunde

Vor kurzem haben unsere Nachbarn ihren kleinen Welpen, den Lukas, vom Züchter geholt. Lange haben sie auf ihn gewartet, und lange haben sie sich auf ihn gefreut. Bücher wurden gewälzt, Körbchen, Leinen, Halsbänder, Näpfe, Bürste und Kamm wurden gekauft.

Wir — als hundeerfahrene Anrainer — wurden ausgequetscht: Welches Futter ist gut, wo kauft man es, was darf er fressen, wieviel? Welcher Tierarzt ist gut? Läuft der Kleine weg, krabbelt er unterm Zaun durch? Beißt unsere Andra den Welpen, oder wird sie ihn lieben? Wo geht man mit dem Hund spazieren? Usw. usw.

Jetzt, wo Lukas da ist, wird die Aufmerksamkeit und das Interesse nicht geringer. Er fordert von seiner Familie Phantasie, schnelle Auffassungsgabe, Durchsetzungsvermögen, Tatkraft und viel, sehr viel Zuwendung. Lukas kann noch tausend dumme Dinge tun, kann sich oder auch andere gefährden. Lukas versteht die Menschen noch nicht, und seine Menschen verstehen ihn auch noch nicht besonders gut. Der Welpe steht im Mittelpunkt seiner Familie, das ist ganz klar.

Jugend geht auch vor, wenn Sie sich auf Hundeplätzen oder Zuchtschauen umsehen. Auch das ist verständlich, denn aus den jungen Hunden soll ja noch etwas werden. Sie sollen lernen, sich gesittet zu benehmen, und sie sollen eventuell dafür sorgen, daß ihre Rasse weiterbesteht. Auch auf den Bücherregalen von Buchläden und Zoofachhandlungen beschäftigen sich die meisten Bücher mit der Einführung in die Hundehaltung oder mit Erziehungsfragen.

Fünf-, sechs- oder siebenjährige Hunde tauchen schon seltener in der Hundeöffentlichkeit auf, manchmal bei Leistungsprüfungen oder auf Schauen. Diese Sport- und Schauprofis in den besten Jahren sind aber nur eine verschwindende Minderheit. Die Mehrheit ihrer Altersgenossen lebt als allseits akzeptiertes Familienmitglied, mehr oder weniger bescheiden, mehr oder weniger gut erzogen, jedenfalls unauffällig — man hat sich eingerichtet und arrangiert.

Was sollte man über ältere oder gar über alte Hunde schreiben? Fast immer sind sie wunderbare Familienmitglieder geworden; wo gibt es da einen Bedarf an Wissen, einen Bedarf an Training oder an Neuem, bisher Unbekanntem, wo gibt es einen Anlaß, über sie zu schreiben? Das ist doch schon mal ein gutes Zeichen: Ältere Hunde sind freundliche Begleiter ihrer Menschen geworden, unauffällig und gefällig.

Als mich Frau Wolf vom Kosmos-Verlag fragte, ob ich Lust hätte, über den alten Hund zu schreiben, war ich

zunächst überrascht. Wen interessiert denn dieses Thema, dachte ich. Als ich dann in meinem (Hunde-)Bekanntenkreis darüber sprach, waren fast alle von diesem Vorhaben begeistert. Die Gründe:

● Unser Verhältnis zum Hund hat sich geändert. Wir nehmen unseren Freund sehr ernst. Wir machen uns fachkundig durch Bücher, und wir können heute auch auf sehr viele verhaltenswissenschaftliche Erkenntnisse zurückgreifen.

● Die Lebenserwartung unserer Hunde steigt wegen der besseren Gesundheitsvorsorge und der besseren medizinischen Versorgung. Das Alter unserer Hunde verläuft beschwerdefreier, als dies früher möglich war.

● Die Tiermedizin hat inzwischen eine Menge Wissen über ältere Hunde angesammelt. Bald wird es hier, wie in der Humanmedizin, geriatrische Ärzte und Kliniken geben.

● Viele verantwortungsbewußte Hundehalter wollen über jeden Lebensabschnitt ihres Tieres so informiert sein, daß sie ihn im besten Sinne für den Hund gestalten können.

Das Nachdenken über Freund Hund hört also nicht auf, wenn er gut erzogen ist oder wenn er nicht mehr ständig unsere Aufmerksamkeit braucht. Jeder Lebensabschnitt unserer Hunde ist interessant, hat spezielle Reize, stellt an die gesundheitliche Vorsorge bestimmte Anforderungen, erwartet andere Aufgaben und immer neue Phantasie von uns. Es ist ein gutes Zeichen, daß der alte Hund ein neues Thema an Hunde-Stammtischen und unter Hundefreunden ist.

Bei den Hunden ist es im Grunde wie bei uns Menschen: Die Beschäftigung mit dem Altern, die Frage nach einem ausgefüllten und schönen Alter stellen wir einmal, weil wir immer älter werden, und zum anderen, weil unsere Lebensbedingungen so sind, daß wir uns solche Fragen überhaupt leisten können.

Wenn es uns gutgeht, dann sollte es auch unseren treuen Kumpels gutgehen. Unser verändertes Verhältnis zum eigenen menschlichen Alter wird sich auch auf unsere Hunde übertragen — wie das mit vielen menschlichen Erkenntnissen geschehen ist. Auch das ist ein hoffentlich gutes Zeichen für den alten Hund.

Schließlich haben Sie dieses Buch in die Hand genommen und damit um ein weiteres Mal belegt, daß das Altern unserer Hunde ein wichtiges Thema ist, dessen wir uns annehmen müssen. Sie machen sich vielleicht Sorgen; das ist in Ordnung, schließlich sind Sie für Ihren Hund verantwortlich. Aber Sie werden sicherlich alles schaffen, was auf Sie zukommt, wenn Sie mit Liebe und Entschlossenheit die Probleme anpacken.

Auch wenn Sie einige schlimme Leidensgeschichten von alten Hunden kennen: Das sind immer die Ausnahmen. Hunde altern entschieden problemloser als die meisten Menschen. Deshalb ist dieses Buch auch nicht von einer Tierärztin geschrieben, denn Altern, gerade das Altern der Hunde, ist keine Krankheit.

Das Alter ist ein interessanter, wichtiger Lebensabschnitt. Das Alter ist die Zeit, in der der Hundebesitzer quasi die Ernte eines langen Prozesses einfährt. Fast alle Hunde werden mit dem Alter immer besser. Freuen Sie sich deshalb auch darauf. Die meisten Welpenbesitzer sind stolz auf ihren kleinen Hund — wieso eigentlich? Anders als diese haben Sie aber allen Grund, auf Ihren alten Burschen stolz zu sein, denn er ist hoffentlich gut alt geworden bei Ihnen und mit Ihnen.

Ich wünsche mir, daß dieses kleine Buch Sie positiv auf diesen Abschnitt in Ihrer Beziehung zu Ihrem Hund einstimmt und Ihnen einige nützliche Anregungen geben kann.

Alt werden soll jeder — alt sein soll keiner

Zwischen Hoffnung und Angst

Die Freundschaft mit einem Hund ist etwas Wunderbares. Es ist ganz klar, daß wir uns wünschen, daß uns diese möglichst lange erhalten bleibt. Lang soll er leben, unser Freund mit der kalten Schnauze; aber alt sein, das soll er nicht, davor fürchten sich viele von uns.

Warum eigentlich? Die Tiermediziner sagen uns, daß Hunde relativ problemlos altern. Sie lassen alles etwas langsamer angehen. Sie springen nicht gleich auf, sondern scheinen sich zu überlegen, ob Nachbars Katze die Mühe einer Verfolgungsjagd lohnt. Ihre Energie und ihre Kräfte lassen nach, sie machen größere Pausen und brauchen mehr Schlaf. Einige körperliche Funktionen verändern sich oder sind nicht mehr ganz so zuverlässig. Hunde werden aber nicht senil wie wir Menschen. Hunde haben keine Angst vor dem Alter. Vor was fürchten wir uns also, wenn wir an Baskos Alter denken?

Früher, als Hunde überwiegend aus Nützlichkeitserwägungen gehalten wurden, machte man nicht viel Federlesens mit einem Hütehund oder einem Jagdhund, der nicht mehr »diensttauglich« war. Ein Gewehrschuß beendete meist das Arbeitsleben der Gebrauchshunde, und wenn einer mal das Gnadenbrot erhielt, wurde sein Besitzer oft für sentimental oder wunderlich gehalten.

Alt werden durften Hunde früher kaum; Dienstuntauglichkeit, kleinere Störungen der Gesundheit oder das Nachlassen der Reaktionsfähigkeit wurden schnell zum Todesurteil.

Wir halten Hunde heute ganz überwiegend als freundliche Begleiter und Partner. Wir gehen mit ihnen eine enge und innige Beziehung ein. Es ist für einen normalen Hundefreund unvorstellbar, daß er seinen Hund töten läßt, nur weil er alt ist.

Heute sollen unsere Hunde alt werden. Aber alt sein? Gerade weil wir Hunde so eng in unsere Gemeinschaft aufgenommen haben, neigen wir auch zum Vermenschlichen. Unsere Sorgen um Baskos Alter sind geprägt von unserer Einstellung zum eigenen, zum menschlichen Altern.

Und mit unserer Einstellung zum menschlichen Altern ist es derzeit wahrlich nicht zum besten bestellt. Wir können zwar relativ sicher sein, daß wir im Alter nicht mehr in der Wildnis ausgesetzt oder gar vom eigenen Nachwuchs erschlagen werden, wie das bei manchen Urvölkern passierte. Aber die gesellschaftliche Stellung der Älteren befindet sich in ständigem Wandel. In der Kulturgeschichte der Menschheit waren die Zeiten, in denen das Alter geachtet wurde, eher selten, zumindest wenn man die Praxis und nicht die Ideologie anschaut. Achtung und Respekt, wenn sie denn gewährt wurden, gründeten sich fast immer auf dem überlegenen Wissen, der Erfahrung und dem, was man früher Weisheit nannte.

Heutzutage ändert sich das Wissen schneller, viel schneller, als es ein Mensch nachvollziehen kann. Sicherlich zum erstenmal in der Menschheitsgeschichte kehrt sich das Verhältnis von Lernenden und Lehrenden um, sind Jüngere im Besitz des gesellschaftlich wichtigeren Wissens, braucht man Erfahrung nicht mehr, ja, hält sie oft für »innovationsfeindlich«.

Ältere sind erwünschte Mitglieder der Gesellschaft, sofern sie konsumieren können. Der aktive Senior, der sich ständig neu einkleidet, Ausflüge und Reisen bucht, neue Autos kauft, (Senioren-)Sport treibt usw., ist beliebt. Das Alter findet in den Medien und in der Öffentlichkeit entweder gar nicht statt oder nur in verklärter (verlogener?) Form.

In der Öffentlichkeit gibt es nur den jüngeren, dynamischen, gesunden und schönen Menschen. Der hilfsbedürftige Alte, der vielleicht sogar ganztägige Betreuung braucht, ist eine Belastung für Krankenkassen, Familienkassen und Staatskassen, und genauso wird er auch behandelt. Die Amerikaner haben mit ihrem oft etwas makabren Sinn für Humor die Älteren in drei Klassen eingeteilt: die »go-go's«, die »slow-go's« und die »no-go's«. In den USA werden inzwischen schon verwirrte Ältere von ihren Familien ausgesetzt, weil sie die Pflegeleistungen nicht erbringen können oder wollen. Dort, wie bei uns in Deutschland, werden die Älteren immer mehr. Die Alterspyramide stellt sich allmählich auf den Kopf. Unsere Gesellschaft wird immer »grauer«.

Unser modernes Verhältnis zum Alter ist schwierig und oft angstbesetzt: Angst vor körperlichen Beschwerden, vor geistigem Verfall, vor Entmündigung und vielem mehr. Alter wird selten als etwas Schönes, Interessantes und Bedeutsames gesehen, als Erntezeit eines ausgefüllten Lebens. Und all diese Gefühle übertragen wir auch auf das Alter unseres tierischen Freundes, eben weil wir ihn uns so eng verbunden haben. Unsere Sorgen um Baskos Alter gleichen denen, die wir uns um unser eigenes Alter oder das unserer Verwandten machen.

Hier, wie in vielen anderen Fällen, ist aber eine Vermenschlichung schlecht. Es wäre besser, von unserem Freund zu lernen, anstatt ihn wie einen Menschen zu sehen. Basko wird nämlich einfach älter. Er spürt Veränderungen in sich und arrangiert sich damit. Er paßt sich an, ohne großes ideologisches Brimborium. Basko macht es sich unter veränderten körperlichen Bedingungen so bequem und gemütlich, wie das eben geht, und versucht, ein Optimum an Wohlbehagen zu erreichen.

Hunde und ihre wilden Vettern sind auch keineswegs so grausam mit ihren Alten, wie es in den verschiedenen Legenden behauptet wird. Der alte Rudelführer wird zwar von einem jüngeren abgelöst (weil die Rudelchefin das so will), aber er wird nicht von ihm ermordet. Solche Geschichten passieren bei menschlichen Regierungsformen, nicht aber bei Wölfen oder Hunden.

Versuchen wir also von Basko zu lernen: Nehmen wir jeden Lebensabschnitt unseres Hundes mit seinen speziellen Bedingungen an und gestalten ihn mit ihm zusammen so lustbetont, wie er es von Natur aus

tut. Wir haben als Menschen dabei gegenüber unseren Hunden den Vorteil, daß wir vorausschauen und uns vorbereiten können, daß wir Vorsorge treffen und in verschiedenen Bereichen auch vorbeugen können. Genau diesen menschlichen Vorsprung sollten wir nutzen — in unserem und in Baskos Interesse.

Das Altern Ihres Baskos ist somit auch eine Lernchance für Sie. Mit und durch unseren Hund lernen wir einen natürlichen und würdigen Umgang mit einem Lebensabschnitt, der genauso wichtig, schön, erlebnisreich und sinnvoll ist wie jeder andere auch.

Wie alt wird er denn nun?

Wie alt Ihr Hund wird, kann Ihnen niemand sagen. Man weiß zwar ganz allgemein, daß kleine Hunde älter werden als große Hunde. Weibliche Tiere werden im allgemeinen älter als männliche. Hunde, die im Freien leben müssen, werden meist nicht so alt wie Hunde, die mit uns im Hause leben. Aber auch das ist nur eine Faustregel. Der einzelne Hund kann immer älter werden, als es z.B. seine rassespezifische Lebenserwartung vorsieht, oder diese nicht annähernd erreichen.

Was die Ursachen des Alterns sind, ist nicht sicher bekannt. Die Wissenschaftler streiten (schon lange) darüber. Die einen meinen, daß die maximale Lebensspanne einer Spezies genetisch fest vorprogrammiert ist und sich lediglich durch äußere Einwirkungen abkürzt, jedenfalls aber nicht verlängert werden kann. Die anderen meinen, das Alter sei mehr oder weniger das Ergebnis negativer Einflüsse von außen auf den Organismus. Wir können die Frage nach dem Auslöser des Alterns heute nicht beantworten. Wir können aber mit Vernunft und Lebenserfahrung den Alterungsprozeß unserer Hunde begleiten.

Es gibt Hunde, die werden 20 Jahre alt, und es gibt Hunde, die mit sieben Jahren schon sehr alt und hinfällig sind. Die meisten Hunde werden zwischen zehn und 14 Jahre alt — wenn alles gutgeht. Das Durchschnittsalter unserer Hunde ist statistisch natürlich sehr viel geringer.

DR. HANS RÄBER zitiert in seiner »Enzyklopädie der Rassehunde« eine Untersuchung der Stadt Zürich, die in den fünfziger Jahren durchgeführt wurde und, auf heute hochgerechnet, eine durchschnittliche Lebenserwartung der Hunde von ca. 6,5 Jahren ergibt.

Wie diese Zahl zustande kommt, was also Unfälle, Krankheiten, Haltungsfehler oder Abgängigkeit waren, läßt sich nicht bestimmen. Wie in anderen Fällen haben wir wenig seriöses Zahlenmaterial.

Die Tierärzte, mit denen ich gesprochen habe, gehen jedenfalls alle davon aus, daß heute mehr Hunde — aufgrund des besseren Kenntnisstandes von Haltern und Tiermedizin — älter werden als zuvor. Wir wollen das ja gerne glauben und für unseren eigenen Hund hoffen.

Wie alt ist mein Hund?

Sie kennen ja bestimmt die alte Umrechnungstabelle, nach der ein Menschenjahr sieben Hundejahren entspricht. Diese Umrechnung wird heute einhellig bezweifelt. Ihr Hund hat immer einen Entwicklungsstand, der für ihn gilt und auf keiner Tabelle nachgelesen werden kann. Wenn man bei Ausstellungen die »Veteranenklasse« beobachtet, also Hunde ab acht Jahren, sieht man selbst bei der gleichen Rasse gewaltige Unterschiede an Vitalität. Als grober Anhaltspunkt zur Umrechnung ist die untenstehende Tabelle nützlich.

Wann ist mein Hund alt?

Wenn Ihr Basko von seinen Eltern ein entsprechendes genetisches Päckchen mitbekommen hat, und wenn er gesund ist, dann werden Sie den Beginn seines Alterns kaum bemerken. Es sind Anzeichen vorhanden, aber keine wirklichen Beschwernisse:
● Ähnlich wie bei uns Menschen ist das Ergrauen ein Alterszeichen, und ähnlich wie bei uns gibt es Individuen, die schon in jüngeren Jahren graue Haare bekommen. Zunächst beginnt das Ergrauen am Fang, dann an der Schnauze und vor allem bei blonden, roten oder braunen Hunden wird manchmal der Kopf ganz weiß. Die Haut wird dicker und verliert an Elastizität.
● Der Fellwechsel ist nicht mehr so dramatisch, und das Fell ist insgesamt nicht mehr so üppig.
● Die Augen werden häufig trüber. Auch das Gehör kann nachlassen. Der Geruchssinn scheint aber niemals schwächer zu werden. Und weil Basko ein Nasentier ist, macht es ihm auch nicht so sehr viel aus, wenn das Sehen und Hören nicht mehr ganz so präzise funktionieren wie früher.
● Er springt nicht mehr so häufig aufs Sofa, hört manchmal von sich aus mit dem Ballspiel auf, meidet auch, wenn es nicht unerläßlich ist, das Treppensteigen, dehnt und streckt sich ausgiebiger, steht schwerer auf, so als ob er sich diesen Vorgang erst überlegen müßte, und er muß erst ein paar Schritte machen, bevor die Steifheit aus den Gliedern verschwunden ist.
● Bei manchen Hunde-Senioren läßt auch das Interesse am anderen Geschlecht etwas nach. Aber nur bei manchen, es gibt auch Casanovas, die ignorieren die nachlassende Körperkraft konsequent. Mein alter Ben war schon sehr krank und hatte nicht mehr lange zu leben, aber wenn er einer verehrten Nachbarshündin be-

Umrechnung von Hundejahren in Menschenjahre

Hundejahre	entsprechen Menschenjahren	
	bei kleinen und mittelgroßen	bei großen Rassen
erstes	15	12
zweites	24	19
jedes weitere	+ 4	+ 7

(aus: BREHM, Gesunde Ernährung für Hunde, S. 65)

13

gegnete, straffte sich sein Rücken, er nahm Kopf und Rute hoch und gab sich redlich Mühe, in den jugendlichen Tänzelschritt zu verfallen, der bei Hundedamen so sehr ankommt.

● Mit der eingeschränkten Freude an der Bewegung und mit dem nachlassenden Interesse am anderen Geschlecht geht ein geringerer Nahrungsbedarf einher. Alte Hunde werden deshalb dick, wenn ihre Besitzer diesem verringerten Nahrungsbedarf nicht Rechnung tragen.

● Die Zähne können Probleme machen, weil sie lockerer werden und weil die Neigung zu Zahnstein und, damit verbunden, zu Zahnfleischentzündungen zunimmt.

● Die Zehennägel wachsen länger, weil Basko sich weniger bewegt, und seine Muskeln fühlen sich nicht mehr ganz so straff und prall an.

● Auch seine Reflexe werden allmählich langsamer. Dieser Vorgang wird von uns leicht übersehen. Wir sollten darauf aber genau achten, weil dies ganz besonders unseren Schutz und unsere Aufmerksamkeit erfordert.

● Untersuchungen gehen davon aus, daß bei einem Viertel aller neun bis zwölf Jahre alten Hunde nachweisbar Herzerkrankungen vorliegen. Die Belastbarkeit des Kreislaufsystems wird geringer.

● Die Leber und Bauchspeicheldrüse können Probleme machen, und Diabetes mellitus tritt bei Hunden über acht Jahren gehäuft auf.

● Die körpereigenen Abwehrkräfte werden schwächer. Das Geschwulstrisiko nimmt zu. Geschwülste sind nach einer amerikanischen Untersuchung mit etwa 25 bis 40 Prozent häufigste Todesursache bei Hunden.

● Es kann auch sein, daß Ihr Hund etwas Probleme mit der Stubenreinheit bekommt. Das ist ihm peinlich genug, und wenn Ihnen der Tierarzt nicht helfen kann, dann sehen Sie halt bei den Malheuren drüber hinweg — so wie damals, als Basko noch ganz klein war. Die Ausscheidungsleistung der Nieren verringert sich im Alter. Im Blutplasma findet man stärkere Anteile von Stoffwechselprodukten.

Bei manchen Hunden merkt man diese Veränderungen kaum, andere haben große Altersbeschwerden — so wie das bei den zweibeinigen Freunden der Hunde halt auch ist. Wir können in gewisser Weise vorbeugen, aber Alter ist nicht »vermeidbar«. Ob und welche Beschwerden Ihr Hund bekommt, können Sie nicht vorhersagen, aber Sie können sich vornehmen, daß Sie das Alter Ihres Hundes in Würde, mit Liebe, mit Anstand und in Freundschaft mit Ihrem Hund erleben — und dann schaffen Sie das auch.

Ein alter Hund ist ein Traumhund

Andra jagt keine Kaninchen mehr

Schröders sind sehr stolz auf ihren zweijährigen Retriever, als wir uns nach längerer Zeit einmal wiedersehen: »Unser Corro hat sich prächtig herausgemacht. Er gehorcht jetzt fast immer. Nur halt, wenn er eine Katze oder ein Kaninchen vor uns sieht... Manchmal springt er auch noch Vögeln nach und nur noch ganz selten einmal einem Radfahrer oder Reiter.«

Ich lächle nachsichtig, kraule den Kopf meiner braven Andra und sage selbstzufrieden: »Andra jagt nicht mehr«. Andra sonnt sich in der Bewunderung, die ihr zuteil wird, und ich sonne mich kräftig mit, denn schließlich ist es meine konsequente, kenntnis- und listenreiche Erziehung, die dieses Musterexemplar von Hund hervorgebracht hat.

Und es stimmt ja auch tatsächlich. Ich beobachte immer häufiger, daß Andra, wenn sie ein Kaninchen sieht, ziemlich pikiert zur Seite schaut. Sie will das Beutetier ganz offensichtlich nicht sehen. Es »interessiert« sie nicht. Ähnliches habe ich auch bei ihrem Vorgänger Ben beobachtet, als er in die Jahre kam. Durch »schlechte« Erfahrungen mit dem Jagderfolg einerseits und Frauchens Empfang nach fehlgeschlagener Hetze andererseits, schätzen ältere Hunde ihre Chancen ganz genau ab. Kaninchen werden tatsächlich uninteressanter. Erfah-

rung, nicht menschliche Pädagogik, haben also zum mustergültigen Betragen geführt.

Als Überschrift für dieses Kapitel erschien mir deshalb der Hinweis auf Andras Desinteresse an der Hasenjagd wunderbar geeignet. Aber gerade jetzt liegt Andra neben meinem Schreibtisch und bettelt um Vergebung. Bei unserem Abendspaziergang stöberte sie einen Feldhasen auf, und was macht meine gesittete, abgeklärte Hundeoma — Sie ahnen es! Sie setzte zur wilden Jagd an und verführte einen unschuldigen, ahnungslosen Welpen, der uns begleitete, gleich zum dreisten Mittun.

15

Natürlich drehte Andra nach ein-, zweihundert Metern wieder um, sie hat immer schon schnell kapiert, wann sie keine Chance hat — aber blamiert hat sie mich und meine Einschätzung davon, wie groß ihre Altersweisheit ist. Ich werde sie wieder im Blick haben müssen, damit ich sie abrufen kann — und wissen Sie was? Ich habe mich über mein altes törichtes Mädchen gefreut. Ich habe mich an ihrer spontanen, triebhaften, jugendlichen Lust am Rennen gefreut, denn bestimmt hat sie gewußt, daß sie dem Hasen niemals nahe kommt, daß alles »just for fun« ist. Aber merken lasse ich das meine Andra natürlich nicht.

Aber richtig ist immer, daß Ihr alter Hund eine Menge Erfahrungen gemacht hat. Beim Jagen, mit Pferden, die einen treten können, mit Autos, mit Kindern, mit fremden Menschen, mit Nachbarn, leider auch mit Tierärzten, mit dem Hofhund vom Bauern und dem Schoßhund von Fräulein Rührmichnichtan, mit Mäusen, mit Katzen, mit Igeln, mit Treppen, mit Teppichen, auf Fliesen und auf dem Hundeplatz.

Die gesammelten Erfahrungen seines Hundelebens hat er ausgewertet nach den beiden einzigen Maßstäben, die ein Hund gelten läßt: »Tut mir gut — tut mir nicht gut!« Sein menschlicher Begleiter braucht deshalb nicht mehr ständig aufzupassen — Zorro ist gewitzt geworden. Weil Ihr Senior diesen unerschöpflichen Erfahrungsschatz hat, ist er für Sie ein absoluter Traumhund. Und wenn Sie noch einen jungen ungebärdigen Burschen haben, dann dürfen Sie sich auf sein Alter freuen.

Ich hab' mich so an dich gewöhnt!

Jeder Hundebesitzer kann eine Fülle von Geschichten erzählen, wie sensibel und hochintelligent speziell sein Hund ist. Er weiß genau, wenn Frauchen ins Büro oder zum Einkaufen geht, er weiß das selbstverständlich schon vor dem Öffnen des Kleiderschranks. Manche Hundebesitzer glauben sogar, daß Einstein, noch bevor Frauchen den Entschluß zum Einkaufen faßt, genau weiß, daß sie es tun wird — na ja! Auch wenn Sie kein solches hundliches Superhirn an der Leine haben, wissen Sie: Jeder Hund kennt seine Rudelmitglieder und ihre Gewohnheiten genau — die guten und die schlechten — und hat sich damit eingerichtet.

Bessy weiß, daß ein schmachtender Blick jederzeit bei Herrchen Erfolg hat: Er zieht die Turnschuhe an und führt sie aus, und ein Leckerchen fällt allemal ab. Bessy weiß genau, daß bei Frauchen andere Dinge zum Erfolg führen. Ein Blick, der andeutet, daß es höchste Eisenbahn ist und ein Mißgeschick passiert, wenn Frauchen nicht schnell in den Anorak schlüpft.

Andra weiß zum Beispiel genau, wann Sonntag ist. Sie weiß natürlich nicht, was Sonntag ist, aber daß ein wunderbarer Tag in der Woche mit langem Schlafen der Menschen, umständlichen Frühstücksvorbereitungen und schließlich Ihrem wöchentlichen Hundekuchen eingeleitet wird,

Porträts alter Hunde: Ein tiefer Blick in gelebtes Hundeleben ist möglich.

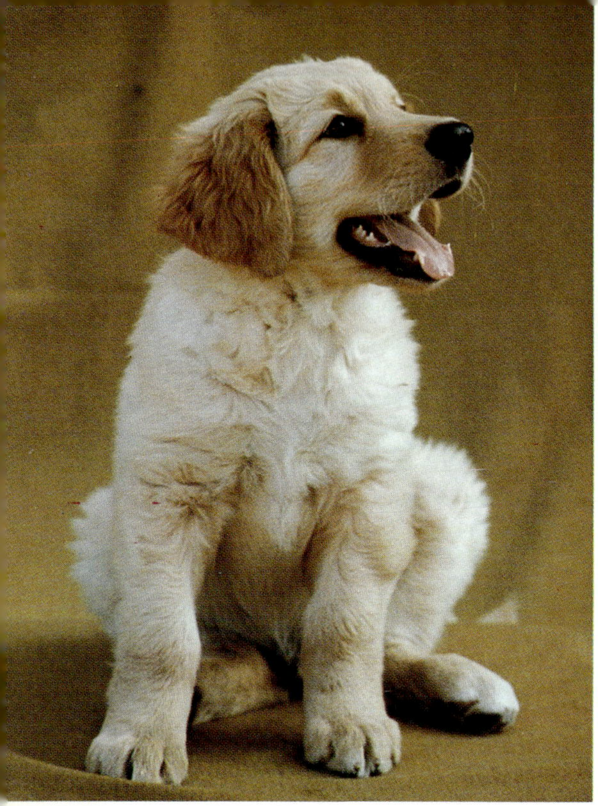
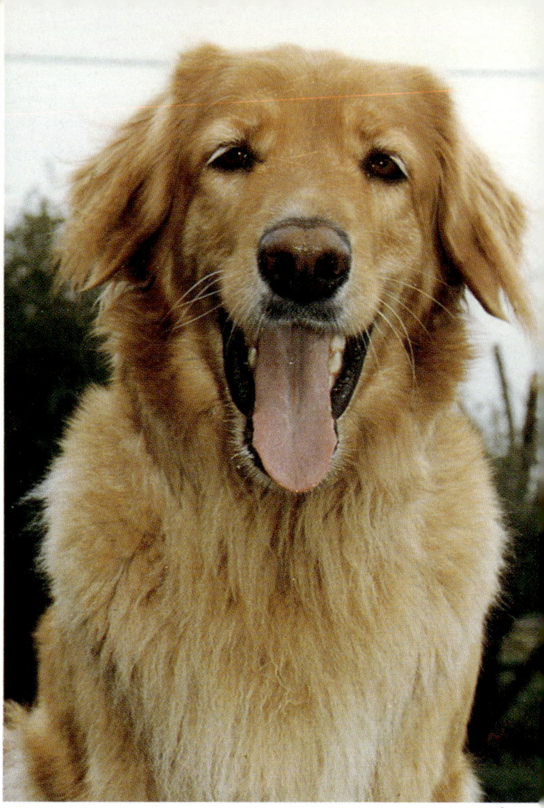
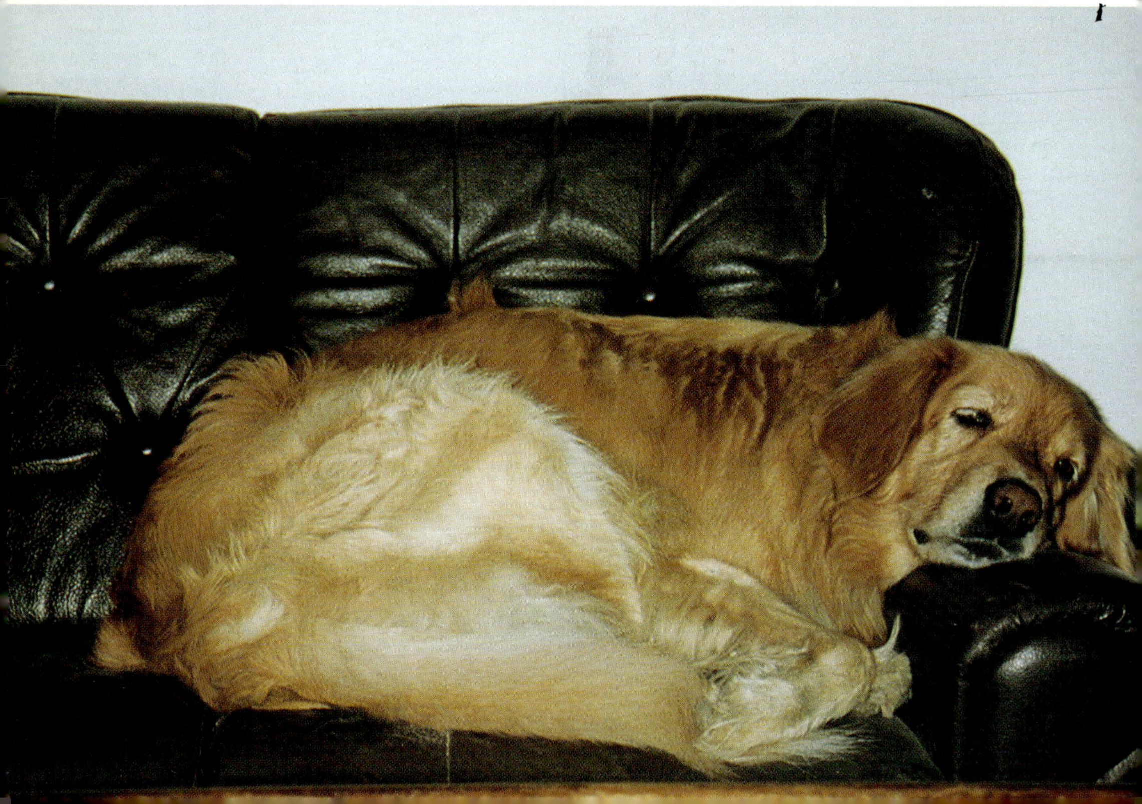

das weiß sie genau und zeigt es durch ihre ausgesprochen gute Laune.

Ihr Hund weiß, wann Sie zur Arbeit gehen oder zum Einkaufen, ins Theater oder zu Freunden. Mißmutig wird Ihre Kleiderwahl eingeschätzt und daraus der richtige Schluß für Bessys nächste Zukunft gezogen.

Herr/Frau und Hund werden sich angeblich im Laufe ihres gemeinsamen Lebens immer ähnlicher. Und sicherlich kennen Sie mindestens ein Pärchen, das diese These belegt. Den Nachbarn und seinen Waldi zum Beispiel, die im gleichen Schritt und Tritt durch die Dorfstraße ziehen. Die giftige Nachbarin, die bei jeder Gelegenheit loskeift, lautstark unterstützt von ihrem Bello. Oder meine Andra, die eine leidenschaftliche Liebhaberin von Schreibtischarbeit (von mir) ist und Schreibtisch, Lesesessel oder Gartenstuhl sofort als Beginn einer schönen, gemütlichen Ruhephase (von ihr) identifiziert. Man hat sich so aneinander gewöhnt, man lebt im Gleichklang.

Wenn Sie keine allzu großen Fehler gemacht haben, hat Ihre Bessy ein unerschütterliches Vertrauen zu Ihnen, und Sie haben ein fast ebensolches zu ihr. Bessy bekommt keinen Nervenzusammenbruch, wenn Sie Ihren Geschäften außerhalb des Hauses nachgehen. Mit Gelassenheit beobachtet sie all die unverständlichen menschlichen Tätigkeiten, denn sie

Dreimal Andra: In jedem Lebensalter eine fröhliche Hündin mit großem Selbstvertrauen, in jedem Alter eine interessante Begleiterin.

weiß sich in Ihrer Zuneigung und Liebe geborgen. Sie kennen Ihr altes Mädchen genau. Sie wissen, wann Sie ein Auge auf sie haben müssen und wann Sie ihr Freiheit lassen können.

Ihr alter Hund folgt Ihnen überall hin, aus guter gemeinsamer Erfahrung. Und Sie, Sie folgen Ihrem alten Freund auch gerne mal auf krummen Wegen, denn Sie brauchen sich nichts mehr zu beweisen. Die Rangordnung zwischen Ihnen ist geklärt, hoffentlich zu Ihren Gunsten.

Jedes Lebensalter eines Hundes hat seinen speziellen Reiz. Das Alter strahlt dabei einen ganz besonderen Zauber aus. Wenn ich gähne, gähnt meine Andra auch, und umgekehrt beobachte ich bei mir ebenfalls einen starken Gähnreiz, wenn sie müde ist. Sie alle kennen die feinen Reize, auf die unsere Hunde reagieren. Deshalb »verstehen« sie uns ja so gut.

Aber auch wir Herrchen und Frauchen

haben ja im gemeinsamen Leben gelernt. Ich weiß genau, ob mein Hund sich gut fühlt oder nicht, wann er gestreichelt werden möchte oder seine Ruhe will. Ein Blick genügt. Diese Verständigung ohne Worte gibt es zwischen Menschen ganz selten. Die Beziehung zu einem Hund ist dafür ein wunderbares Übungsfeld, denn wir Menschen verlassen uns in vielem fast ausschließlich auf das gesprochene Wort, und das kann sehr täuschen!

Erinnern Sie sich noch, wie Klein-Rambo freundlich aber bestimmt Ihr Leben veränderte, als Sie ihn als Welpen ins Haus holten? Denken Sie an all die anstrengenden, lustigen, frustrierenden und oft erfolglosen Bemühungen, Rambo zu einem gesitteten Hausgenossen zu machen. Heute fordert Rambo nicht mehr unsere ständigen pädagogischen Bemühungen. Zwischen ihm und Ihnen hat sich ein stabiles Gleichgewicht eingespielt. Damit ist aber nicht Langeweile eingezogen, sondern damit ist eine höhere Stufe in Ihrem Zusammenleben erreicht.

Hund und Mensch haben sich arrangiert. Das Wort wird meist abwertend gebraucht, aber es ist in dieser Beziehung ganz besonders positiv gemeint: Man hat sich kennengelernt und aufeinander eingerichtet. Dieses gegenseitige Arrangement kann nur von Ihnen gebrochen werden. Ihr Hund ist dazu nicht fähig. Er ist immer loyal, das unterscheidet diese Beziehung von unseren Partnerschaften mit Menschen.

Und daran liegt es, daß viele Menschen der Freundschaft mit einem Hund den Vorzug vor Menschenliebe geben. Das ist bestimmt nicht richtig, aber man sollte nicht die verletzten Menschen kritisieren, sondern gerade als Hundefreund mit dafür sorgen, daß Menschen so miteinander umgehen, daß die Freundschaft mit einem Hund eine schöne Ergänzung sein kann, nicht aber ein Ersatz für das, was man unter Menschen nur mehr schwer findet.

Altern ist keine Krankheit

Jeder, der schon einmal im Wartezimmer eines Tierarztes war, kennt die nervösen, besorgten Mienen der Menschen, die einen kranken Hund bei sich haben. Andere machen sich darüber vielleicht lustig, aber Sie können sich bestimmt einfühlen. Die Hunde haben einen hohen Stellenwert für ihre Besitzer, und der drückt sich eben nicht zuletzt auch darin aus, daß sie um ihre Gesundheit besorgt sind.

Blicken wir kurz in die Vergangenheit: In einer Ausstellung des Museumsdorfs Cloppenburg wurde 1993 das Leben von Bauernhunden und Karrenhunden dargestellt. Dort werden vielerlei Rezepte für kranke Hunde zitiert, und an den Kosten für Arznei und Behandlung sieht man, wie wichtig diese Hunde ihren Menschen waren. Nicht zu Ihrer Nachahmung, aber zu Ihrem Vergnügen hier zwei Rezepte aus dem 18. Jahrhundert:

gegen Ohrenzwang

Wenn ein Hund dem Wurm in sein Ohr hat, war nicht zu kurir ist zu Wierd fransebrante Wein und Weinessig zu gebraugt und das ein durcht andern gemacht und das wettig warm gemacht und das Ohr eingelegt so brennt es gelich zu tode.
(Wenn ein Hund den Wurm in seinem Ohr hat, der nicht zu kurieren ist: Dazu wird Franzbranntwein und Weinessig gebraucht, durcheinandergemengt und sanft erwärmt in das Ohr geträufelt. So brennt er (der Wurm) gleich zu Tode.)

gegen Husten

Und wen die hunde den husten haben, dar ist gut gekochte süsse miel und butter und schierub und das zu schäumen gemacht im topf und warm eingegeben.
(Und wenn die Hunde den Husten haben, da hilft gekochte Milch, Butter und Sirup im Topf zum Schäumen gebracht und warm eingegeben.)

(aus: KAISER, Ein Hundeleben. Cloppenburg 1993, S. 151 f.)

Die Fürsorge für den Hund in seinen besten Jahren gilt zumindest heute auch für den Senior. Früher rieten Tierärzte bei älteren Hunden oft von einer Operation ab. Heute sind Humanmedizin und eben auch die Tiermedizin so weit, daß Operationen an älteren Patienten meist kein Problem sind. Und heute zögern die meisten Hundebesitzer auch nicht wegen der Kosten, die damit verbunden sind.
Ich beobachte das an meinem eigenen Verhalten: Mit jedem Hund wurde die medizinische Betreuung intensiver, meine Aufmerksamkeit gegenüber eventuellen Gesundheitsstörungen schärfer. Von unserer gewachsenen Sensibilität in Gesundheitsdingen profitieren heute auch die Hundesenioren. Gerade weil Alter eben keine Krankheit ist, gilt hier wie auch sonst, daß Vorsorge die beste Medizin ist.
Wenn Ihr Hund plötzlich und augenfällig altert, ist es eben meist nicht das Alter, sondern eine massive gesundheitliche Störung. Achten Sie auf Ihren Hund, bewegen Sie ihn richtig, ernähren Sie ihn vernünftig und genießen Sie Ihr gemeinsames Leben, dann wird auch das Alter Ihrem Paule keine großen Probleme machen.
Der alte Hund ist ein fester Bestandteil in Ihrem Leben geworden, so fest, daß die Gefahr besteht, daß Sie gar nicht mehr besonders auf ihn achten. Aber genau das braucht Ihr alter Freund jetzt besonders. Ein alter Hund wird vernachlässigt, wenn man ihm nicht die Aufmerksamkeit schenkt, die jetzt erforderlich ist.
Sie können sich auf den folgenden

Seiten über die wichtigsten Altersbeschwerden informieren, die Hunde
haben können. Denken Sie dabei
aber daran, daß Ihr Hund ganz sicher
nicht alle diese Beschwerden bekommt, möglicherweise treten sie bei
ihm kaum merklich auf.

Das Alter ist für Menschen und für
Hunde keine ganz leichte Zeit. Baga-
tellisieren oder verklären hilft dabei
nicht, aber dramatisieren führt genauso in die Irre. Die folgenden Informationen sollen also Ihr Bewußtsein
schärfen. Sie ersetzen keinen Tierarztbesuch, und sie sollen Ihnen auch
keine Angst machen.

Mögliche Beschwerden Ihres alten Hundes

Bewegungsapparat

Unseren Hunden geht es nicht viel anders als uns: Wenn sie altern, spüren
sie ihre »Knochen«. Die Bewegung fällt
nicht mehr so leicht. Das Aufstehen,
besonders nach langem Liegen, fällt
schwer, und manchmal sieht es so
aus, als müßten sich die alten Burschen erst mal ein paar Schritte ein-
laufen, bevor die Bewegungen wieder
flüssig werden.

Vielen Hunden machen ihre Bandscheiben zunehmend Probleme, und
auch die Abnutzungen an den Gelen-
ken (Arthrosen) schmerzen immer
mehr.

Auch die Muskeln können bei verschiedenen Schwierigkeiten keinen
Ausgleich mehr schaffen, denn Hunde haben, ebenso wie wir, eine alters-
bedingte Abnahme der Muskeln. Bei

sehr betagten Hunden sieht man das
deutlich an den hochstehenden
Fortsätzen der Wirbelsäule im
Rückenbereich. Die Bauchdecke wirkt
schlaffer, und auch die Oberschenkel
sind deutlich eingefallen.

Wenn Sie bemerken, daß Ihr Hund
seine »Knochen spürt«, wenn er
Schwierigkeiten mit dem Aufstehen
hat, wenn er lahmt, wenn er nicht
mehr so begeistert aufs Sofa springt,
dann gehen Sie zu Ihrem Tierarzt. Er
kann das Altern nicht stoppen, aber
bei Beschwerden kann er helfend und
lindernd eingreifen und vorbeugend
den Alterungsprozeß verlangsamen.
Warten Sie nicht zu lange — aber dieser Rat gilt eigentlich immer.

Sie selbst können darüber hinaus helfen, indem Sie dafür sorgen, daß Ihr
Hund immer leicht untergewichtig gehalten wird — eine schwere Aufgabe!
Machen Sie mehrere kürzere Spaziergänge mit ihm anstelle weniger lan-
ger. Achten Sie darauf, daß er sich

beim Spielen und Arbeiten nicht übernimmt. Ganz wichtig ist, daß er vor feuchter Kälte und Nässe geschützt ist und daß er ein trockenes und weiches Lager hat.

Herz und Kreislauf

Das Hundeherz ist ein extrem belastungsfähiger Muskel, ausgelegt für viel größere Anforderungen, als das Leben ihm in der Regel stellt. Es hat genügend Reserven, um auch unter starken Streßbedingungen zufriedenstellend zu arbeiten.

Aber auch dieser Muskel verliert mit den Jahren unbemerkt an Elastizität. Eine Herzschwäche oder Insuffizienz kann auftreten. Die Hunde ermüden sehr viel schneller, ertragen Belastungen nicht mehr, die ihnen zuvor nichts ausgemacht haben, werden kurzatmig und zeigen letztlich den bekannten »Herzhusten« schon bei kleineren Anstrengungen.

Wenn Sie auf diese Symptome schnell reagieren, kann der Tierarzt am besten helfen. Meist kann der Hund dann ein weitgehend normales Leben weiterführen, wenn sein Leiden beachtet wird und er seine Medikamente regelmäßig bekommt. Achten Sie nicht auf diese Symptome, verschlimmert sich die Herzinsuffizienz so weit, daß das geschädigte Herz nicht mehr fähig ist, den Kreislauf so weit in Gang zu halten, daß alle Organe des Körpers ausreichend mit Sauerstoff versorgt werden. Der Kreislaufzusammenbruch droht dann ganz schnell, wenn niemand rechtzeitig zu Hilfe kommt. Aber Ihrem Hund wird das ja glücklicherweise nicht passieren — Sie achten auf ihn, da bin ich sicher.

Vergleichsweise viele Hunde haben auch einen Herzklappenfehler, der aber meist gar nicht bemerkt wird. Ein solcher Fehler setzt die Funktionstüchtigkeit des Herzens natürlich herab, aber so ein Hundeherz kann eine Menge ausgleichen.

Weil das Herz ja mit allen anderen Organen zusammenarbeitet, kann sich eine Herzkrankheit auch auf die Funktionstüchtigkeit der anderen Organe negativ auswirken. Herzkranke Hunde können zum Beispiel, wie auch wir, ein Lungenödem bekommen. Dies entsteht, wenn sich durch mangelnde Pumpleistung des Herzens zuviel Flüssigkeit in der Lunge ansammelt, die dann nicht mehr »verstoffwechselt« werden kann. Sammelt sich nun immer mehr Flüssigkeit in den Lungenflügeln an, so hören wir den typischen Husten dieser schwer herzkranken Patienten.

Natürlich können die Medikamente ein krankes Herz nicht ewig schlagen lassen. Rechtzeitig erkannt, bedeutet die Diagnose »herzkrank« aber noch lange keine Katastrophe. Ihr Tierarzt wird Ihnen sagen, wie die Lebensbedingungen Ihres Hundes optimal aussehen sollen; dann haben Sie noch lange Freude an Ihrem Hund.

Atmung

Seien Sie nach dem letzten Abschnitt also mißtrauisch, wenn Ihr älterer Hund hustet — es könnte der Herzhusten sein. Ältere Hunde können anfällig für chronische Bronchitis sein und damit auch für eine Lungenentzündung. Husten ist also immer ein Grund, den Tierarzt aufzusuchen.

Hormonhaushalt

Bei älteren Hunden kann eine Unterfunktion der Schilddrüse auftreten oder eine Überfunktion der Nebennierenrinde. Symmetrischer Haarausfall am Rumpf, im Nierenbereich oder an den Hinterläufen kann ein Hinweis darauf sein.

Unsere Hunde folgen uns, auch was die Zivilisationskrankheiten anbetrifft. Ältere Hunde bekommen schon einmal Diabetes, besonders weibliche. Die Symptome gleichen denen, die auch wir Menschen in diesem Fall haben: allgemeine Mattigkeit, großer Durst, Erbrechen und dann, wenn nichts getan wird, Koma und Tod. Achten Sie auf die Symptome, und lassen Sie beim Tierarzt einen Test machen.

Leider gibt es noch keine Tabletten, die bei zuckerkranken Hunden den Zuckerspiegel sicher senken, auch nicht im homöopathischen Bereich. Sie müssen lernen, Ihrem Hund regelmäßig seine Insulininjektionen zu geben. Das wird anfangs sicher schwierig sein, und vielleicht haben Sie auch Angst davor, aber falls Ihr Hund wirklich zuckerkrank werden sollte, werden Sie es auch schaffen, ihm die Spritzen zu geben. Rechtzeitig erkannt und behandelt, kann Ihr Hund dann noch ein paar gute Jahre haben.

Haut und Haar

Bei älteren Hunden beobachten wir häufiger als bei jungen Hautprobleme: Haarausfall, Warzenbildung, vermehrtes Auftreten von Schuppen, verstopfte Talgdrüsen und (meist gutartige) Tumoren.

Früher sagte man immer, am Fell erkenne man den Gesundheitszustand des Hundes. Das stimmt nicht immer, und ein ganz eindeutiges Indiz ist das Fell oder die Haut des Hundes nicht. Ihr Tierarzt kennt den »ganzen« Kerl und wird eine Erkrankung der Haut oder des Felles dann mit anderen Erkenntnissen, die er hat, zusammenbringen.

Zu empfehlen ist aber immer, daß Sie Warzen, verstopfte Talgdrüsen und Geschwüre entfernen lassen. Sie können sich nämlich schmerzhaft entzünden, wenn Ihr Hund sich daran kratzt. Ältere Hunde haben zwar meist kein so prachtvolles Fell mehr, aber trotzdem müssen Sie weiter Fellpflege betreiben, denn oftmals gibt es eine unangenehme Neigung zum Verfilzen.

Zähne und Zahnfleisch

Es erstaunt einen immer wieder, wie viele alte Hunde noch ein prachtvolles Gebiß haben. Aber auch hier wird sich als Zivilisationsfolge eine Verschlechterung einstellen. Die beste Vorsorge treffen Sie, indem Sie regelmäßig den Zustand von Gebiß und Zahnfleisch kontrollieren, auf üblen Mundgeruch achten und den Hund vernünftig ernähren.

Auch Zähneputzen kann der Zahnsteinbildung vorbeugen und beseitigt gleichzeitig die Bakterien, die den Mundgeruch mit verursachen. Zahnpasta für Hunde gibt es im Zoofachhandel.

Tumore

Mit zunehmendem Lebensalter steigt auch die Häufigkeit der Tumorbildung bei Hunden. Das Lymphsystem ist ebenfalls mit höherem Alter nicht mehr ganz so funktionsfähig. Die Krankheitsabwehr wird schwächer, und gutartige und bösartige Tumore werden häufiger.

Die Diagnose »Krebs« erweckt natürlich große Furcht, aber auch hier ist der Vergleich zum Menschen hilfreich: Rechtzeitig erkannt, können viele Krebsarten vollständig entfernt werden. Ihr Tierarzt wird mit Ihnen zusammen die richtige Entscheidung treffen. Und denken Sie daran: Selbst in hohem Alter kann man die meisten Hunde noch operieren, und meist mit ausgezeichnetem Erfolg. Lassen Sie es Ihren Tierarzt zumindest versuchen, wenn er es für angebracht hält.

Oft sind die Tumore aber auch gutartig. Ihr Tierarzt wird Ihnen sagen, ob und warum dann auch ein solcher gutartiger Tumor zu entfernen ist.

Sie können hier am besten helfen, wenn Sie jede Geschwulst unverzüglich Ihrem Tierarzt zeigen.

Geschlechtsorgane

Bei der älteren Hündin kommt es häufig zu Unregelmäßigkeiten in der Läufigkeit und damit zusammenhängend zu Entzündungen und Vereiterungen der Gebärmutter. Symptome einer Gebärmutterentzündung können sein: schlechtes Allgemeinbefinden, übermäßiger Durst, Erbrechen, mißfarbener, oft übelriechender Ausfluß und Schwierigkeiten beim Aufstehen. Auch Knoten am Gesäuge (Mammatumoren) sind bei Hündinnen häufig, vor allem dann, wenn sie oft scheinträchtig waren. In beiden Fällen ist dann oft nur die Operation erfolgversprechend.

Das klassische Problem des alten Rüden ist die Prostatavergrößerung. Diese Prostatavergrößerung kann gutartig sein, sie kann aber auch ein Krebsleiden sein. Die Prostata liegt bei Hunden nahe dem Darmausgang. Die vergrößerte Prostata drückt den Darm praktisch zusammen, und die Hunde haben Schwierigkeiten, Kot abzusetzen. Als erste Anzeichen findet man häufig nur Blutströpfchen nach dem Aufstehen auf der Unterlage. Selten ist der gesamte Urin gerötet.

Bei beiden Symptomen sollte man sofort zum Tierarzt. Eine Kastration oder regelmäßige Hormongaben können helfen. Ihr Tierarzt wird Sie beraten, was bei Ihrem Rüden angezeigt ist.

In beiden Fällen helfen Sie am besten, wenn Sie Ihre Hündin oder Ihren Rüden genau beobachten und den Tierarztbesuch dann nicht hinauszögern.

Niere und Blase

Nieren sind die großen Filteranlagen im Körper. Ähnlich wie das Herz sind sie auf eine riesige Leistung ausgelegt. Das müssen sie angesichts der zunehmenden Giftstoffe, die wir und unsere Hunde aufnehmen, natürlich auch. Beim alten Hund ist trotzdem ein Teil dieser Filteranlagen schon unwiderruflich verbraucht. Sicherheitsreserven bei größeren Anforderungen sind nicht unbedingt mehr verfügbar. Chronische Krankheiten können sie zum Beispiel überfordern. Die Ursachen für Nierenleiden können sehr vielfältig und unterschiedlich sein. Die Symptome sind am Anfang vielleicht unauffällig, vielleicht ist Ihr alter Freund nur etwas matt. Häufiges Wasserlassen ist jedenfalls immer ein Symptom, um das Sie sich kümmern sollten. Wenn sich Ihr Hund letztlich nicht mehr auf den Beinen halten kann und wegen eines chronischen Nierenschadens ins Koma fällt, ist Hilfe nur schwer möglich.

Es ist zu einem Nierenversagen gekommen, weil die harnpflichtigen Stoffe nicht mehr, wie von einer gesunden Niere, ausgeschieden werden können, sondern den Körper vergiften (Urämie). Wird der Tierarzt frühzeitig konsultiert, kann er oft noch helfen.

Sehr viele Harnprobleme unserer alten Hunde kommen von der Blase. Sie ist besonders bei älteren Tieren für die unterschiedlichsten Infektionen anfällig. Achten Sie sorgfältig auf jeden ungewöhnlichen Ausfluß aus Scheide oder Penis, denn was als örtliche Infektion anfängt, kann von der Blase zur Niere hochsteigen und weit größere Komplikationen verursachen. Hunde können wie wir Blasensteine bekommen, und die Symptome sind gleich: Unbehagen, Schmerzen beim Wasserlassen und Blut im Urin. Ihr Tierarzt kann mit einer Operation helfen. Eine sich anschließende, zeitlebens verabreichte spezielle Harnstein-Diät verhindert dann recht sicher die neuerliche Steinbildung.

Augen und Ohren

Die Augen sind die Fenster der Seele, sagt man, und sicher gilt das ganz besonders für unsere Hunde. Für den Tierarzt sind die Hundeaugen oft auch das Fenster zu einer Krankheit, denn an ihnen zeigen sich viele Veränderungen im Organismus.

Was nun den alten Hund betrifft, scheint mit zunehmendem Alter das Auge trüber zu werden. Keine Sorge, das sind keine Anzeichen für eine beginnende Erblindung. Es ist eine normale Veränderung, die bei allen Hunden auftritt und meist schon mit dem fünften oder sechsten Lebensjahr beginnt. Es ist nicht bekannt, warum sich die Linse beim älteren Hund trübt. Sein Wohlbefinden wird dadurch jedenfalls nicht beeinträchtigt.

Ein Hund kann am Grauen oder Grünen Star erblinden, zwei Augenerkrankungen mit unterschiedlichen Ursachen. Der Graue Star, auch Katarakt genannt, ist eine Linsentrübung, die kein Licht mehr durchläßt. Beim Grünen Star, auch Glaukom genannt, kommt es durch gestörten Flüssigkeitsabfluß in der vorderen Augenkammer zu einem Druckanstieg im Augeninneren.

Der Graue Star tritt zwar eher bei älteren Hunden auf, von ihm sind aber auch schon viele jüngere und sogar sehr junge Hunde betroffen, und man hat nachgewiesen, daß eine erbliche Veranlagung vorhanden ist. Auch beim Grünen Star konnte schon eine erbliche Disposition nachgewiesen werden, in den meisten Fällen hat er aber andere Ursachen.

In beiden Fällen kann unter gewissen

Voraussetzungen eine Operation Erfolg haben. Ihr Tierarzt wird Sie beraten und an geeignete Stellen weiterüberweisen, denn diese Operationen sind keine Routinefälle in der Kleintierpraxis.

Alle Hunde hören etwas schlechter, wenn sie älter werden. Wir bemerken das oft gar nicht, aber wir sollten darauf achten, denn gerade dann braucht der Hund unseren Schutz, sonst können leicht Unfälle passieren. Testen Sie also ab und zu seine Hörfähigkeit. Vielleicht nicht gerade dann, wenn er einer Katze hinterherrennt, denn dann hört er ja nun wirklich nicht. Meist ist das nachlassende Gehör eine normale Alterserscheinung, mit der Sie und Ihr Hund leben müssen, was mit ein bißchen Einfühlungsvermögen und Routine auch zu meistern ist. Besprechen Sie sich sicherheitshalber mit Ihrem Tierarzt; vielleicht gibt es auch eine andere Ursache.

Hoffen ist gut — kontrollieren ist besser

Ich habe Ihnen einen kurzen Überblick über die wichtigsten gesundheitlichen Probleme gegeben, mit denen Sie vielleicht konfrontiert werden. Sie haben beim Lesen gemerkt, daß es eine Menge Krankheiten gibt, bei denen sich eines oder mehrere Symptome gleichen. Rätseln Sie nicht über mögliche Ursachen, und zögern Sie vor allem nicht zu lange, den Hund Ihrem Tierarzt, der Fachmann ist, vorzustellen. Er wird hoffentlich sicher und schnell die

richtige Diagnose stellen und die passende Therapie vorschlagen. Vertrauen Sie ihm, und falls Sie das nicht können, wechseln Sie schnell den Tierarzt, aber warten Sie im Interesse Ihres Hundes nicht mit der Konsultation.

Sie sollten das eigentlich in jedem Lebensalter Ihres Hundes tun, beim älteren nun aber wirklich regelmäßig: Checken Sie Ihren Freund in regelmäßigen Abständen von der Nasenspitze bis zur Schwanzspitze durch, soweit Sie das als Laie eben können. Prüfen Sie, ob der Nasenspiegel glatt und feucht ist, schauen Sie nach der Klarheit bzw. dem Grad der Trübung der Augen und dem guten Zustand der Bindehaut. Schauen und riechen Sie in Maul und Ohren. Testen Sie sein Gehör. Ziehen Sie seine Lefzen hoch, Zahnstein bildet sich gerne am Hals der Reiß- und Fangzähne, auch wenn man sonst noch keinen Zahnstein sieht. Prüfen Sie den Zustand von Zehen und Ballen, sie sollten nicht brüchig oder rissig sein. Tasten Sie das Gesäuge Ihrer Hündin auf Geschwülste ab. Achten Sie auf Fell- und Hautveränderungen und auf ungewöhnliche Ausflüsse aus Scheide oder Penis.

Mit dieser kleinen Untersuchung, die Sie in eine lustvolle Schmuseeinheit verpacken können, bekommen Sie wichtige Informationen über den Zustand Ihres Hundes. Machen Sie sich die Mühe, es lohnt sich!

Sie gehen ja ohnehin einmal im Jahr zum Tierarzt, wenn der kleine Check und die Impfung fällig sind. Ist Ihr Hund älter als acht Jahre, empfiehlt es sich, zweimal jährlich zu einer Kontrolluntersuchung zu gehen. In hohem Alter und bei bestimmten Krankheiten dann noch öfter.

Die rechte Hand des Tierarztes sind Sie

Ihr Tierarzt hat das Problem — mancher Tierarzt bezeichnet dies auch als Glück —, daß seine Patienten nicht mit ihm sprechen, ihm nicht ihr Leid klagen können. Sie müssen der »Mittler« zwischen Ihrem Hund und dem Tierarzt sein. Der Tierarzt wird um so besser handeln können, je besser Sie ihn informieren. Das gilt ganz besonders bei älteren Hunden, die ja oft komplexe, miteinander zusammenhängende Probleme haben.

Meistens ist man aber beim Tierarzt so nervös, daß einem die einfachsten und wichtigsten Dinge nicht einfallen. Deshalb sollten Sie sich zu Hause die wichtigsten Stichworte notieren, zu denen der Tierarzt, vor allem der, der Ihren Hund zum erstenmal sieht, Informationen braucht.

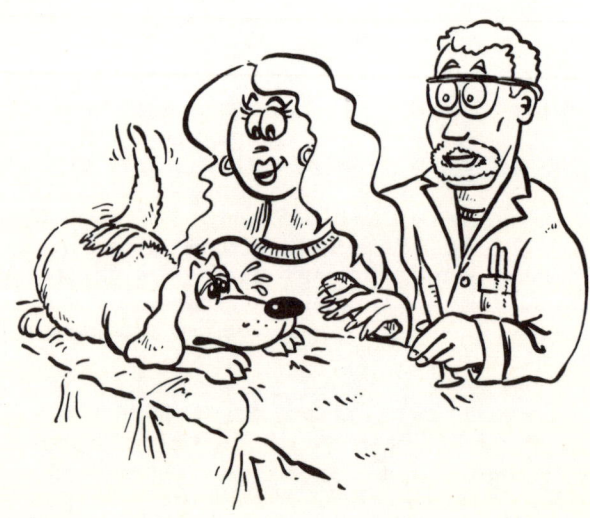

28

Check up

Rasse:		Alter:
Geschlecht:		Kastriert: ja/nein
frühere Erkrankungen:		

Befunde	unauf-fällig	auffällig
Allgemeinzustand		
Gewicht		
Ernährungszustand		
Verhalten		
Bewegung		
Haarkleid		
Augen		
Ohren		
Zähne		
Bauch		
After		
Penis		
Hoden		
Scheide		
Gesäuge		
Läufigkeit		
Appetit		
Durst		
Kot		
Urin		
Erbrechen		

Welche Symptome/Veränderungen machen Ihnen am meisten Sorge?

Das Gespräch mit Ihrem Tierarzt wird durch Ihre sorgfältige Vorbereitung erleichtert — Sie werden sehen. Genauso wichtig ist es aber, die Therapieanweisungen des Tierarztes richtig zu befolgen. Das kann nun aber Ihre Phantasie und Kreativität ganz schön herausfordern, denn unsere Freunde sind sehr listig, wenn es darum geht, sich ungewohnte Behandlungen nicht gefallen zu lassen. Im Prinzip gilt hier, wie auch sonst: Vermeiden Sie Gewaltanwendung, machen Sie es so angenehm wie irgend möglich für Ihren Hund.

Meist geht es ja um das Verabreichen von Pulver, Tropfen oder Tabletten. Wenn Sie es richtig machen, wird Ihr Hund bald darauf bestehen, regelmäßig seine Medikamente zu bekommen.

Meine Andra hat Probleme mit den Bandscheiben. Unser Tierarzt hat ihr homöopathische Tabletten, eine hochdosierte Vitamin-B-Gabe und ein spezielles Ergänzungsfutter in Tablettenform verschrieben. Morgens bekommt sie deshalb mehrere zerstoßene Tabletten in den Fang, eine weitere Tablette in einem Stückchen Käse und die Vitamintablette so, weil sie ihr sehr gut schmeckt.

Erstens ist es ganz unmöglich, daß wir ihre morgendliche Ration vergessen, denn Andra wartet geduldig und keineswegs unauffällig an dem Küchenschrank, in dem ihre Medikamente lagern. Zweitens ist es ebenfalls kaum möglich, daß wir eines ihrer Heilmittel vergessen. Andra bleibt ausgesprochen stur so lange sitzen, bis sie wirklich alle Medikamente erhalten hat. Ihr Eifer bei der Medikation sorgt in unserer Familie immer wieder für große Heiterkeitserfolge — Andra ist das egal, sie ist jedenfalls mit großem Pflichtbewußtsein bei der Sache.

Anders war unser Rüde Ben, dem man seine Tablette noch so raffiniert verpacken konnte, er entdeckte sie immer und behielt sie ebenso raffiniert in seinem Maul, um sie in einem unbeobachteten Moment auszuspucken. Wir fanden die Dragées unter der Heizung, unterm Sofa auf dem Teppich, im Bad — eben überall. Aber auch Ben konnte man austricksen: Die Tablette weit hinten in den Rachen plaziert und ein köstliches Leckerchen sichtbar in der anderen Hand führte zu einem sehnsüchtigen Schluckreflex, schon war die Pille und im Nachgang das Leckerchen weg.

Sie werden für Ihren Hund bestimmt auch einen richtigen Weg finden — schließlich sind wir doch die intelligenteren Lebewesen, oder?

Alter Hund: kein Pflegefall, aber gepflegt allemal

Durch Pflege besser älter werden

Die alte menschliche Sehnsucht nach der ewigen Jugend sorgt, wie wir alle wissen, für volle Kassen bei den Herstellern von Wässerchen, Cremes, Pillen und bei den Besitzern von Schönheitsfarmen und Massagepraxen. Zum Glück sind unsere Hunde davon noch weitgehend verschont. Sie werden einfach alt, Punktum. Allerdings werden sie in menschlicher Obhut wesentlich älter, als sie das in freier Natur werden könnten. Und weil das so ist, brauchen sie etwas mehr Aufmerksamkeit als in jüngeren Jahren. Da ist zum Beispiel die Sache mit dem Fell. Es ist erst im ganz hohen Alter so, daß das Fell — meist hormonell bedingt — dünner wird. Anders als bei den Menschen, können alte Hunde sogar noch dichteres Fell bekommen. Das ist so, wenn eine Kastration bei mittel- und langhaarigen Tieren vorgenommen werden mußte, was ja bei vielen älteren Hunden beiderlei Geschlechts vorkommt. Plötzlich muß man sehr viel stärker auf Verfilzungen achten. Haarpflege muß also bei allen Hunden mit mittellangem und langem Haar im Alter großgeschrieben werden. Wenn Sie sich rechtzeitig darum kümmern, bevor der Filz zugeschlagen hat, dann bleibt Haarpflege der lustbetonte, angeneh-

me und bindungserhöhende Vorgang, der er in all den Jahren zuvor auch war.
Ältere Hunde werden manchmal etwas nachlässig in der Körperpflege. Das mag an allgemeiner Vergeßlichkeit oder Schusseligkeit liegen oder aber daran, daß ihre Wirbelsäule und die Gelenke steifer geworden sind und die Beweglichkeit dadurch eingeschränkt ist. Jedenfalls empfiehlt es sich, daß Sie Penis bzw. Scham und After regelmäßig kontrollieren und, wenn nötig, säubern. Das ist überhaupt nicht schlimm, machen Sie daraus keine Affäre, sondern pflegen

Sie Ihren Schmuddelhund so, daß er das als angenehmen Vorgang erlebt. Bei Welpen und Junghunden muß man auch manchmal zum Waschlappen greifen, auch die nehmen es mit der Körperpflege nicht so genau. Damals haben Sie die Angelegenheit mit einem Schmunzeln erledigt — machen Sie es bei Ihrem Oldie genauso! Hunde und Menschen ähneln sich in vielem, auch in ihren Pflegeansprüchen. Hundeoma und Hundeopa brauchen besondere Fuß-/bzw. Pfotenpflege. Alte Hunde rennen nicht mehr soviel herum, die Spaziergänge werden kürzer. Die Nägel nutzen sich deshalb nicht mehr so problemlos ab. Also müssen Sie auch hier regelmäßig nachschauen und bei Bedarf die Nägel nachschneiden (lassen) oder einölen, wenn sie brüchig werden.

Ältere Hunde sind anfällig für Zahnprobleme. Übermäßiger Zahnstein, Zahnfleischentzündungen und Zahnwurzelentzündungen sind recht häufig. Achten Sie auf solche Entzündungsherde, denn diese sind oft der Ausgangspunkt für schwere Nieren-, Leber- und auch Herzerkrankungen.

Die Entfernung von kaputten Zähnen und das Lösen anderer Zahnprobleme gehören in den normalen Kleintierpraxen zur Routine.

Augen und Ohren bedürfen Ihrer besonderen Aufmerksamkeit, aber das sind Sie ja schon ein ganzes Hundeleben lang gewohnt. Bei Ihrem Senior müssen Sie halt nur noch etwas sorgfältiger sein.

Alte Hunde liegen mehr, Liegeschwielen an den Ellbogen sind die Folge; auch hier schafft etwas Vaseline, Melkfett o.ä. problemlos Abhilfe. Und wenn Sie dann noch dafür sorgen, daß Artus' Liegeplatz gut gepolstert ist, haben Sie schon das meiste erledigt, was Sie zu seiner Bequemlichkeit tun können.

Zur Körperpflege gehört auch die regelmäßige Bewegung. Wie beim Welpen ist es auch beim Senior unbedingt wichtig, daß Sie die Bewegung an seine Leistungsfähigkeit anpassen.

Achten Sie genau auf Ihren alten Hund. Er wird im Versuch, Ihnen zu gefallen, leicht seine Körperkräfte überschätzen — also passen Sie auf. Machen Sie besser mehrere kleine Spaziergänge als wenige große.

Falls Sie zu denen gehören, die ihren Hund bisher im Zwinger gehalten haben — überlegen Sie es sich jetzt, ob Sie damit fortfahren wollen. Ich lehne Zwingerhaltung aus verschiedenen Gründen ab. Einen alten Hund im Zwinger zu lassen, halte ich aber darüber hinaus für eine besondere Gemeinheit.

Das alles sind Maßnahmen, die Sie schon bisher teilweise getroffen haben. Wenn Artus alt ist, müssen sie diese nur verstärken. Mit Aufmerksamkeit und liebevoller Beobachtung ist die Körperpflege des älteren Hundes kein Problem. Übertreiben sollten Sie diese ohnehin nicht. Alles, was Ihr alter Freund selbst erledigen kann, sollten Sie nicht für ihn erledigen.

Mit der nötigen Hilfe und Pflege wird Ihr Artus zwar nicht unbedingt länger leben, aber auf jeden Fall in besserer Kondition und behaglicher älter werden.

Seniorenteller für Alfa?

Meine Nachbarin hat einen hübschen, mittelgroßen Mischling, der 13 Jahre alt ist. Struppi bekommt nach dem morgendlichen Spaziergang eine Milchsuppe, mittags einen Anteil von Frauchens Essen und abends ein Schmalzbrot. Jedem Ernährungsfachmann für Hunde kommt bei diesem Speiseplan das kalte Grausen — Struppi nicht! Struppi ist kerngesund, hat glänzendes Fell, fast alle Zähne, klare Augen und eine Topkondition. Also kein Grund, sich über Seniorenernährung Gedanken zu machen? Jeder von uns kennt so einen oder so einen ähnlichen Hund, aber die Regel ist er leider nicht. Falls also Ihr Falko nicht so ein Prachtkerl ist, empfiehlt es sich schon, sich ein paar Gedanken über eine altersgerechte Ernährung zu machen.

Zunächst einmal benötigen ältere Hunde dieselben Nährstoffe wie jüngere erwachsene Tiere. Ab dem siebten oder achten Lebensjahr gibt es aber in bezug auf Menge und Inhaltsstoffe Änderungen, über die Sie Bescheid wissen sollten. Im Alter kann der Körper des Hundes die Nahrung nicht mehr so gut auswerten wie zuvor. Viele Oldies haben auch Verdauungsprobleme, weil die Beweglichkeit des Darmes nachläßt — auch das kennen wir ja von unseren älteren menschlichen Freunden.

Die Tierärztin DR. HELGA BREHM beschreibt die wesentlichen Regeln der Seniorenernährung in ihrem Buch »Gesunde Ernährung für Hunde«:

Ältere Hunde haben einen geringeren Energiebedarf. Dabei sind die individuellen Bedürfnisse je nach Hundepersönlichkeit zu beachten. Ein Anhaltspunkt: Der Energiebedarf verringert sich auf 160—320 Kilojoule/pro Kilo Körpergewicht (vorher 500 kJ/kg). Wenn Sie weiter die gewohnten Portionen füttern, wird Ihre Twiggy zur Matrone.

Als grober Richtwert wird häufig genannt: 200 g Gesamtfuttermenge je 10 Kilo Körpergewicht.

Senioren haben einen wesentlich höheren Eiweißbedarf, man sollte ihnen deshalb qualitativ höherwertiges Eiweiß anbieten (z.B. gekochtes Hühnerei, Fisch, Quark). Der Fleischanteil sollte dabei 1/3 der Futtermenge nicht überschreiten und ebenfalls möglichst hochwertiges, leichtverdauliches Eiweiß enthalten, wie z.B. mageres Fleisch oder Geflügel.

Vorwiegend leichtverdauliche Kohlenhydrate, wie Flocken, Reis, Kartoffeln oder Nudeln, sollten etwa 2/3 der Futtermenge ausmachen.

Bei den Mineralstoffen müssen Sie jetzt berücksichtigen, daß Kalzium langsamer in das Skelett eingebaut wird und Phosphor nicht über Bedarf gegeben werden darf, weil sonst die Gefahr der Nierenschädigung besteht. Das Verhältnis von Kalzium zu Phosphor muß 2:1 sein.

Auch bei den Vitaminen ergeben sich Änderungen. Da die Leber nicht mehr soviel Vitamin A speichern kann und die wasserlöslichen Vitamine evtl. in größeren Mengen über die Niere ausgeschieden werden, ist besonders auf deren erhöhten Gehalt im Futter zu achten. Man geht davon aus, daß der doppelte Bedarf wie beim jüngeren erwachsenen Hund besteht. Lassen

Sie sich von Ihrem Tierarzt ein Vitamin- oder Aufbaupräparat empfehlen, wenn er meint, daß dies bei Ihrem Hund nötig ist.

Der Geschmackssinn läßt im Alter nach. Achten Sie deshalb darauf, daß das Futter schmackhaft ist. Etwas salzen oder verfeinern mit Fleischbrühe hat nicht nur den Effekt, daß das Futter leckerer schmeckt, sondern hilft auch bei den im Alter häufig auftretenden Nierenproblemen. Nur wenn Ihr Liebling einen Herzfehler hat, muß das Salz verringert werden.

Das Futter sollte auf zwei bis drei Rationen am Tag verteilt werden. Das empfiehlt sich schon bei jüngeren Hunden, bei Senioren ist es ein Muß.

Knochen sollten eigentlich in allen Altersabschnitten verboten sein. Ganz besonders gilt dies für den Seniorenspeisezettel.

Ältere Hunde neigen öfter zur Verstopfung. Sie können durch die Zugabe von Weizenkleie im Futter vorbeugend helfen.

Sie können bei Beachtung der Regeln das Futter selbst zubereiten. Das schmeckt den meisten Hunden besser, die Zutaten sind frisch, können selbst bestimmt und kontrolliert werden, und es ist meist auch nicht teurer als das Fertigprodukt.

Falls Sie sich aber nicht in die Hundeernährungslehre einarbeiten wollen, gibt es inzwischen von fast allen namhaften Futtermittelherstellern spezielle Seniorenangebote im Programm. Sprechen Sie mit Ihrem Tierarzt, mit anderen Hundebesitzern und Fachverkäufern über das Präparat, das am besten zu Ihren Bedürfnissen paßt.

Bei Trockenfütterung wird heute allgemein empfohlen, das Futter mindestens 20 Minuten in Wasser oder Brühe einzuweichen. Das Fressen des trockenen Futters scheint für alle Lebensalter, besonders aber für die älteren Semester, für Verdauung und Stoffwechsel nicht angeraten.

Zur Ernährung gehört auch, daß Sie besonders bei Ihrem Senior darauf achten, daß er genügend trinkt. Der durchschnittliche Bedarf eines Hundes liegt bei einem halben Liter je zehn Kilo Körpergewicht.

Wer rastet, rostet

Was Hänschen nicht lernt...

Im angelsächsischen Sprachraum gibt es ein Sprichwort, das eigentlich auf die Menschen, nicht auf die Hunde bezogen wird: »Du kannst einen alten Hund keine neuen Tricks lehren.« Bei uns heißt das: »Was Hänschen nicht lernt, lernt Hans nimmermehr.« Daß das deutsche Sprichwort nicht stimmt, hat die Wissenschaft für die Menschen schon vor geraumer

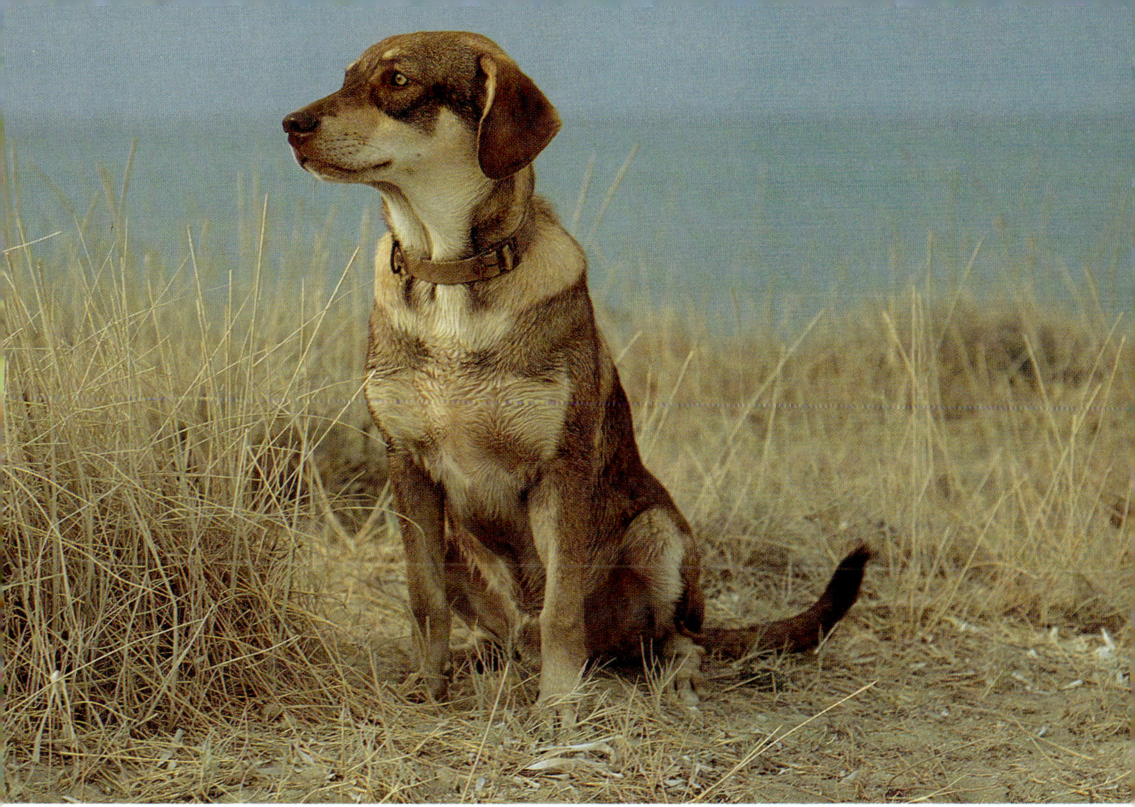

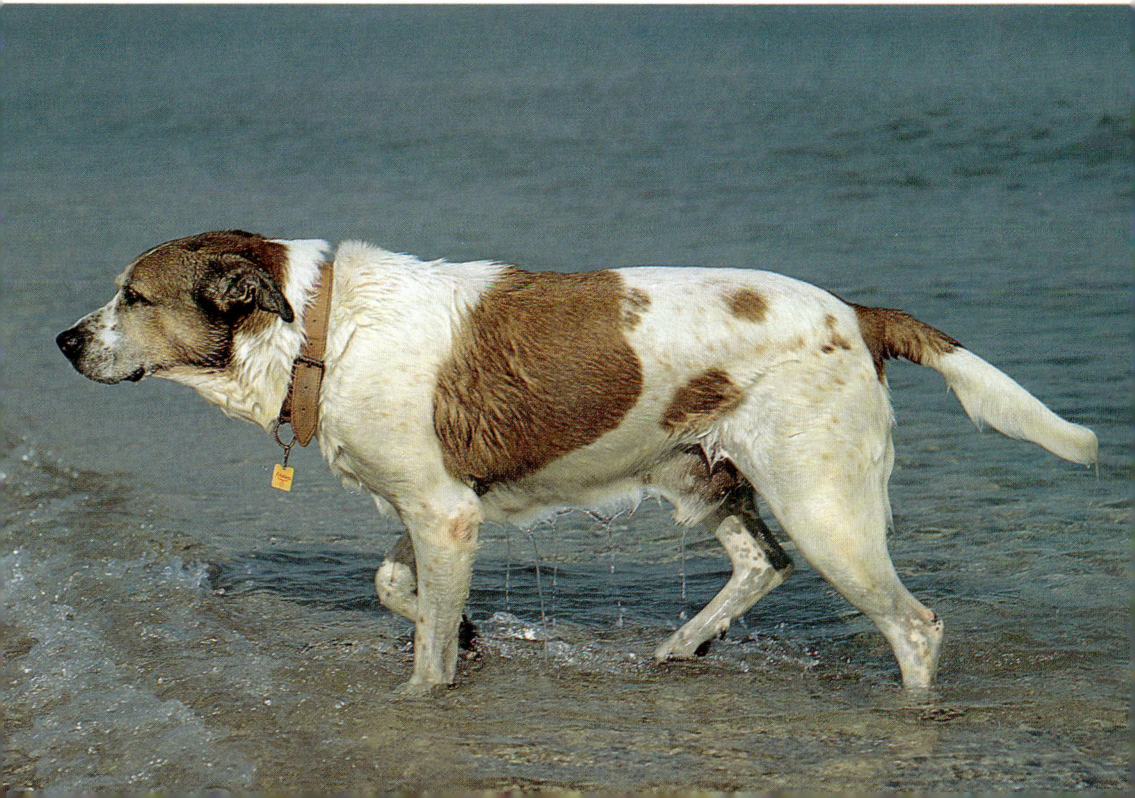

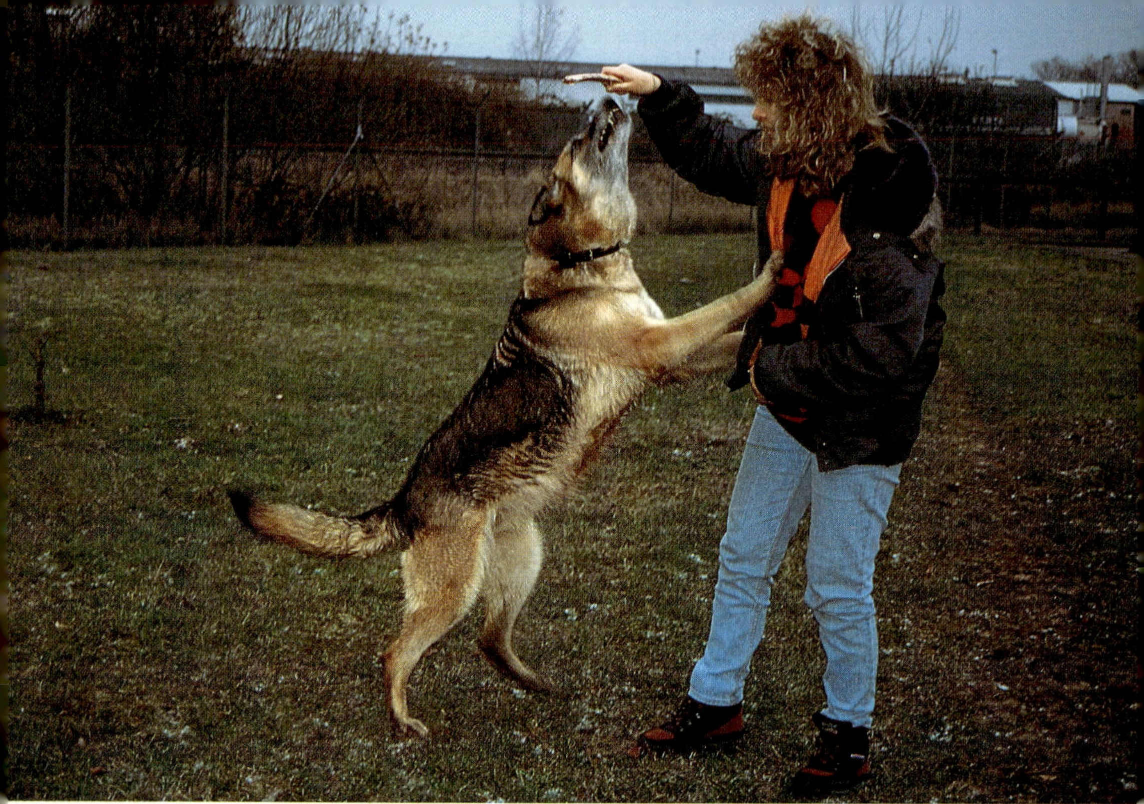

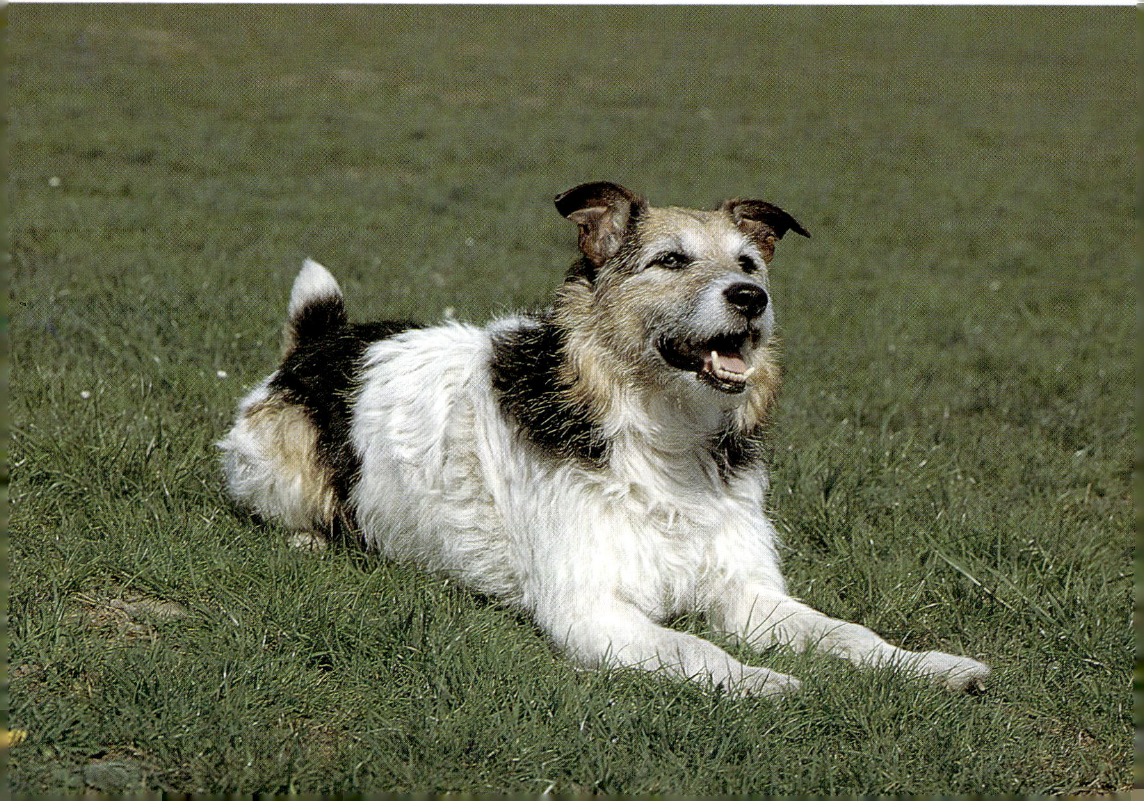

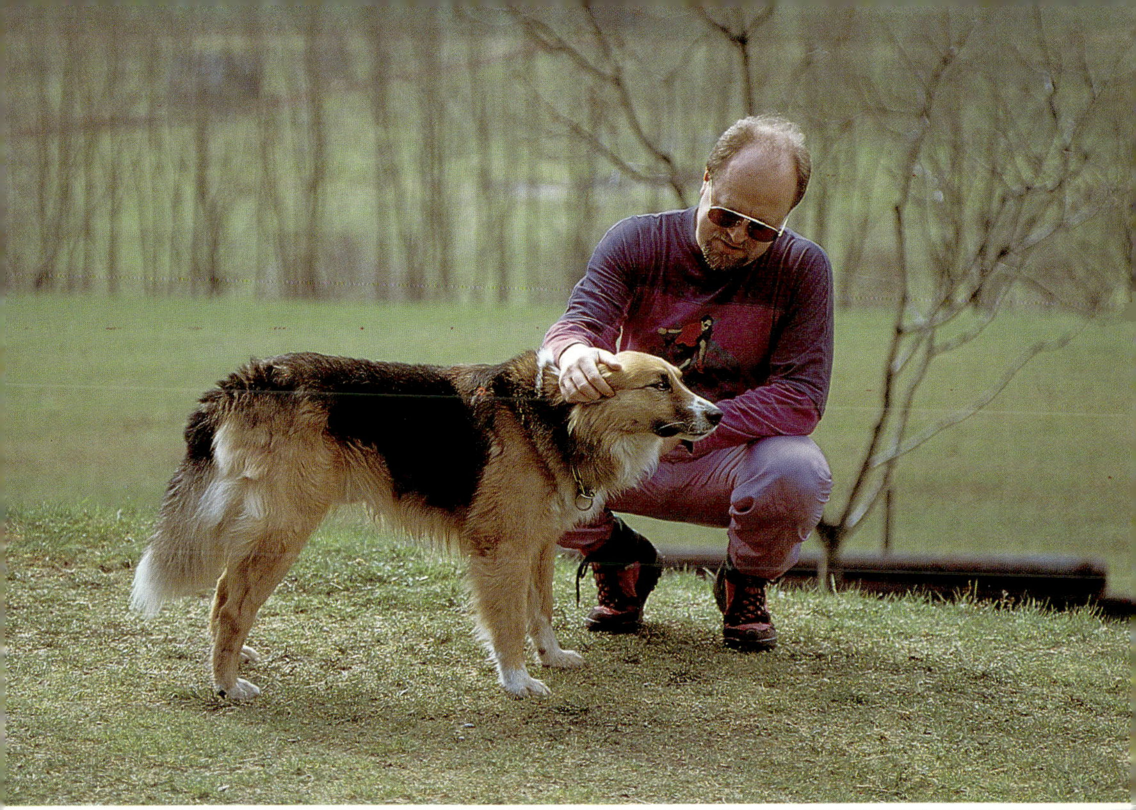

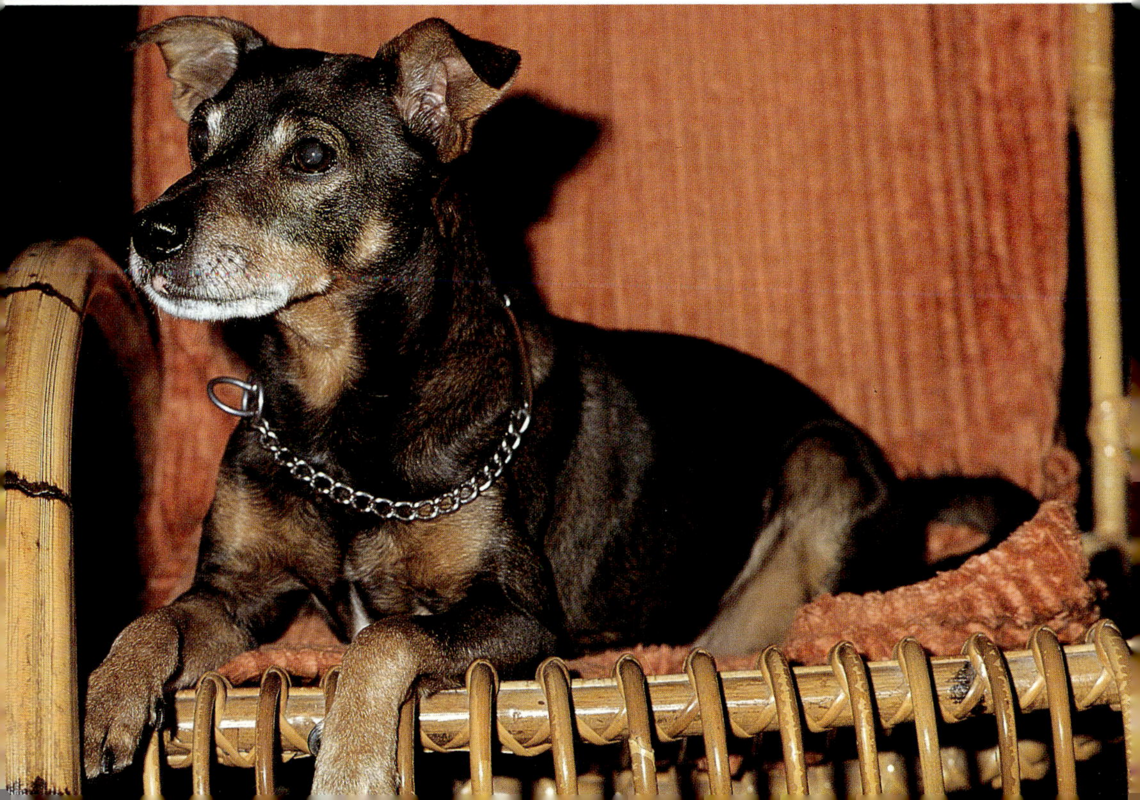

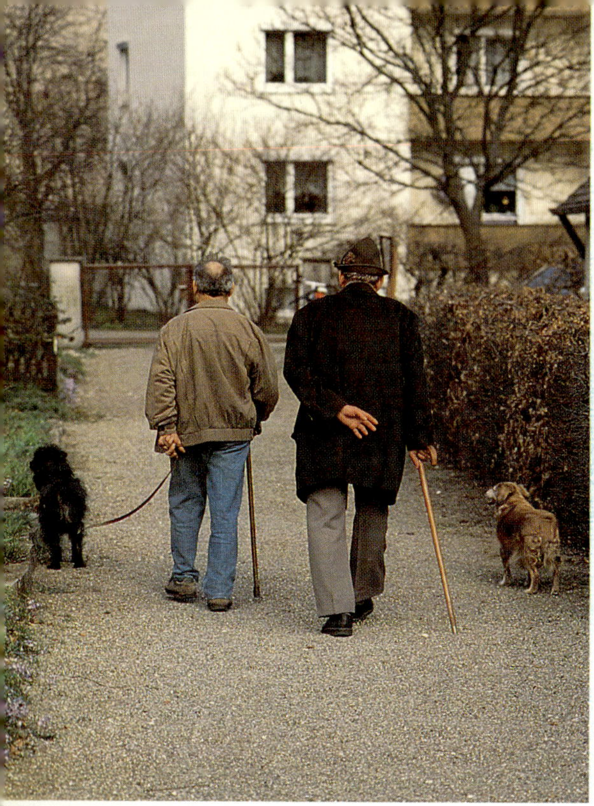
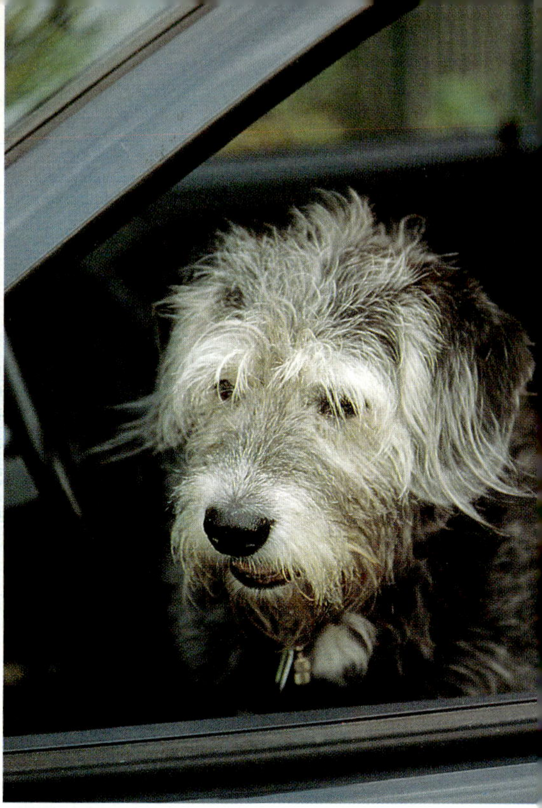
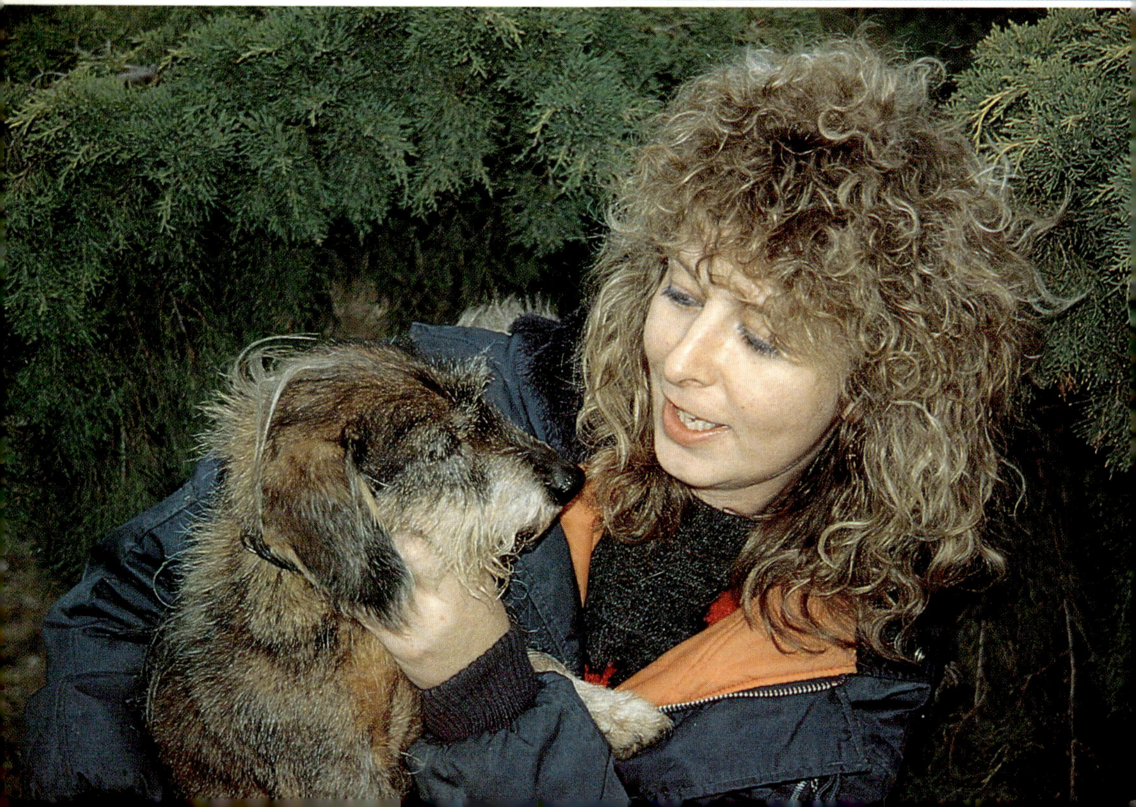

Zeit geklärt. Aber bei unseren Freunden auf vier Pfoten glauben viele noch an die veraltete Theorie vom Stillstand des Lernens ab einem bestimmten Lebensalter. Dabei ist es bei Waldi und Co. ganz ähnlich wie bei uns Menschen.

Leben ist lernen

Die wilden Ahnen unserer Hausfreunde hatten ein beschwerliches Leben. Die Jagd stellte die Intelligenz der Wölfe und wilden Hunde auf eine harte Probe. Aber Mutter Natur hat ihren Kindern auch Verschiedenes mitgegeben, das ihnen ihr schweres Leben erleichtert hat.

Seite 35: Strandurlaub ist für Hundesenioren kein Problem, wenn Herrchen und Frauchen dabei sind.

Seite 36: Für das Spielen gibt es keine Altersgrenze. Es macht bis ins höchste Hundealter Spaß, wenn Frauchen aufpaßt, daß ihr Senior sich nicht übernimmt.

Seite 37 oben: Alte Liebe rostet niemals in der Beziehung Hund – Mensch. Zumindest für den Hund sind die beiden stets ein Traumpaar.
Unten: Vom bequemen Sessel aus hat die »Hundeoma« alles im Blick.

Oben links: In alter Freundschaft — hier wie anderswo geht es gemeinsam entschieden besser.
Oben rechts: Passionierte Autofahrer unter den Hunden bleiben ihrer Leidenschaft bis zum Schluß treu.
Unten: 14 Jahre und kein bißchen weise!

Erst einmal hat die Natur den Bereich des »instinktgeregelten« Verhaltens vergleichsweise gering gelassen. Das heißt, nur wenige Dinge im Wolfsleben laufen nach festgelegten Schemata ab: angeboren, automatisch, ohne daß das einzelne Tier weiß, »was es tut«. Was bei Insekten mit einem festgelegten, immer gleichen Lebensraum praktisch ist — die instinktmäßig festgelegte Regelung aller Lebensbereiche —, wäre beim Hund oder Wolf gefährlich für die Überlebenschance der Art.
Die wilden Vorfahren von Basko mußten sich auf immer neue Jagdreviere einstellen, mußten immer wieder neue Tiere und Pflanzen als Beute entdecken und erproben, denn die Lebensräume und viele Lebensbedingungen änderten sich oft. Also beka-

men Wölfe bzw. Hunde von der Natur einen großen Bereich mit, der durch Lernen ausgefüllt werden muß. Das ist natürlich anstrengender, als wenn alles festgelegt wäre. Das macht unsere Freunde aber »klüger« als andere Tiere, weil sie sich selbständig in neue Situationen einfinden und aus ihren Erfahrungen Konsequenzen ziehen können.

Wir haben in unseren Hunden also Tiere mit einer ausgeprägten Fähigkeit zum Lernen, zum Auswerten von Erfahrungen und auch zum Ändern von Verhalten. Für das Überleben in der Wildnis bekamen die Hundeahnen auch noch die Qualifikation zur Zusammenarbeit im Rudel mit, womit die Chancen zum Beutemachen besser wurden. Damit diese Zusammenarbeit funktionieren konnte, brauchten die Wölfe bzw. Hunde die Fähigkeit, sich untereinander zu verständigen.

Die große Fähigkeit zum Lernen, die angeborene Sehnsucht nach Geborgenheit und Gemeinsamkeit im Rudel und die Kommunikationsbereitschaft sind die drei Talente, von denen bis heute die wunderbare Beziehung zwischen Mensch und Hund lebt.

Für unseren Zusammenhang ist dabei wichtig, daß die Fähigkeit, Neues zu lernen, nicht irgendwann einmal aufhört. Man kann aber aufhören zu lernen, das wissen wir auch von uns Menschen, oder man kann das Lernen nicht ständig praktizieren und wird dann immer schwerfälliger beim Aufarbeiten von Neuem. Ganz genauso ist es bei unseren Hunden. Ein Hund, der ständig gefordert wird, dem immer wieder (neue) Aufgaben gestellt werden, der im aktiven Austausch mit seiner Umwelt und seinen Menschen ist, der lernt bis zu seinem letzten Augenblick.

Gerade beim Lernen gilt der Satz, daß derjenige rostet, der rastet. Gehirnjogging ist also nicht nur für Menschen, sondern auch für Asta ein unbedingtes Muß für ein schönes, aktives und interessantes Leben.

Spielen macht klug

Überlegen Sie sich Spiele, Spiele, Spiele für Ihren Graubart. Sie kennen seine körperliche und geistige Belastbarkeit am besten – richten Sie sich danach und fordern Sie ihn heraus. Respektieren Sie sein gestiegenes Ruhebedürfnis und seine möglicherweise eingeschränkte Beweglichkeit, und dann planen Sie los.

Bauen Sie die *Suchspiele* aus, die Arko schon kann, und wenn er tatsächlich bisher noch keines kannte, lehren Sie Ihren alten Hund eben neue Tricks. Lassen Sie ihn verschiedene Gegenstände im Haus suchen. Schicken Sie ihn nach einer versteckten Person, oder spielen Sie selbst mit ihm Verstecken; auch dies lernt Arko schnell und mit Spaß. Legen Sie ihm eine Fährte, an deren Ende eine Überraschung (Leckerchen) auf ihn wartet. »Verlieren« Sie unterwegs einen Gegenstand, und schicken Sie Arko auf die Suche.

Dafür braucht Arko Grips, aber nicht unbedingt die beste körperliche Kondition. Suchen und Finden ist eine der schönsten und sicherlich eine der artgerechtesten Beschäftigungen für unsere Hunde. Und Suchen und Finden können Sie bis ins höchste Alter mit ungeheurer Begeisterung spielen.

Machen Sie mit Ihrer Anka *Apportierspiele.* Lehren Sie sie die Namen unterschiedlicher Gegenstände, und fordern Sie sie auf, diese zu bringen. Andra verfügt über diverse Plüschtiere, Stoffhanteln, Papprollen und anderes Spielzeug, das in einer Kiste lagert. Wenn sie in Spiellaune ist, bringt sie zuverlässig das Spielzeug, das ich haben möchte.

Fast alle Hunde apportieren gerne und zuverlässig, wenn man es ihnen ohne Gewalt beibringt und ihren Spaß an der Sache weckt. Schicken Sie Ihren Hund mit Post, Zeitungen, den frischen Socken oder anderen wichtigen Dingen als »Amtsboten« zu verschiedenen Familienmitgliedern.

Ihrer Phantasie beim Entwickeln und Stellen von Aufgaben sind keine Grenzen gesetzt. Und glauben Sie mir, es macht Ihnen beiden Spaß, und Sie können viel Bewunderung ernten, wenn Asta auf einen leisen Wink die Fernsehzeitschrift aus dem Korb holt. Üben Sie »*Sprachtricks*« mit Ihrem Liebling ein. »Singen« Sie gemeinsam ein Lied. Beweisen Sie, daß Ihr Hund »zählen« kann, oder trainieren Sie ihn, auf ein verstohlenes Handzeichen hin zu bellen. Dieser Trick läßt sich dann auf viele Arten variieren und verfeinern. Überlegen Sie sich kleine »*Hundesketche*«. Auch hier sind Ihrer Phantasie keine Grenzen gesetzt. Sie können Ihre Banja lehren, anscheinend stets das Gegenteil von dem zu tun, was Sie anordnen. Lassen Sie Ihren Bello mal den ganz bösen Hund spielen oder sich totlachen.

Denken Sie einfach an all die Hundetricks, die Sie in Zirkusnummern oder im Fernsehen gesehen haben, und machen Sie sie nach. Ihrem Hund tut es gut und Ihnen natürlich auch, denn auch Sie müssen ja Ihren Grips anstrengen und überlegen, wie und auf welche Weise Ihr spezieller Hund diesen speziellen Trick am besten lernt. Und genieren Sie sich nur nicht. Wenn Ihnen ein »Hundesportler« verächtlich sagt, sein Hund sei kein »Zirkushund«, dann ignorieren Sie das. Orientieren Sie sich lieber daran, daß das angeblich »nutzlose« Spiel eine der höchsten und wertvollsten kulturellen Tätigkeiten ist — nicht nur beim Menschen. Die Fähigkeit zum Spiel und zum Spielen ist ein Zeichen für Reife, auch wenn unser Freund vom Hundesport das paradox findet und seine Tätigkeit auf dem Hundeplatz »Arbeit« nennt.

Genießen Sie also das gemeinsame Spiel, spielen Sie mit Ihrem Oldie, und spielen Sie auch immer wieder etwas Neues. Bringen Sie es ihm bei, und Sie und vor allem er sind maßlos stolz, wenn ein Trick klappt. Fordern Sie Ihren und seinen Grips heraus, und Ihr Senior wird glücklicher und sicherlich auch gesünder alt werden.

Hundeplatz – für Senioren gesperrt?

Viele Menschen gehen mit ihrem ungebärdigen Junghund auf einen Erziehungskurs. Sind die dicksten Macken abgeschliffen und gehorcht der Halbstarke »meistens«, sehen die Hunde den Hundeplatz nicht mehr. Einige Leute bleiben hängen, machen die Begleithundeprüfung mit ihrem Max und werden zu dem, was man (unpassend) Hundesportler nennt. Bis Max dann sieben oder acht Jahre alt ist, verbringt er seine Wochenenden beim Üben oder auf Prüfungen auf seinem und anderen Hundeplätzen.
Ganz junge und alte Hunde sieht man auf den wenigsten Plätzen. Für die »hundesportlichen« Übungen sind sie entweder zu jung oder zu alt. Für die Welpen und Junghunde ist das besonders schlecht, denn gerade sie brauchten den Kontakt zu Artgenossen für das Lernen fürs Hundeleben ganz dringend. Und die Besitzer der Hunde-Kids bräuchten den Rat, den Erfahrungsaustausch und die praktische Hilfe ganz besonders.
Glücklicherweise bewegt sich bei den eingefahrenen Vorstellungen von Aufgabe und Ausfüllung der Hundeplätze allmählich und ganz langsam etwas. »Welpenschulen«, »Hundekindergarten« oder »Welpentreffs« wurden bei einigen wenigen Hundeplätzen eingerichtet. Nicht überall wird dieses Angebot gut betreut und gestaltet, aber immerhin ist an verschiedenen Stellen ein Anfang gemacht.
Für Hundesenioren gibt es kein Angebot auf den Plätzen. Schade, denn auch alte Hunde freuen sich, wenn sie etwas lernen dürfen und wenn sie zeigen dürfen, was sie können. Wenn ihren Menschen nicht einfällt, wie man ein Seniorenlernprogramm aufbauen könnte, dann wären Hundeplätze doch prima Orte, um Spiel- und Lernstunden auch für ältere Hunde anzubieten bzw. für Hunde, die aus verschiedenen Gründen nicht bei dem herkömmlichen Hundesport mitmachen können.
Hundeplätze wären z.B. der Ort für Parcours, die nicht auf Schnelligkeit oder körperliche Geschicklichkeit, sondern auf Grips und Kooperation von Herr und Hund angelegt werden könnten. Hundeplätze könnten Treffpunkte sein, die sichern, daß die Menschen nicht allzu nachlässig werden. Gemeinsam macht es halt mehr Spaß. Suchspiele zum Beispiel lassen sich in der Gemeinschaft besser und mit viel Vergnügen für alle Beteiligten organisieren.
Als Anregung, »Gedächtnisstütze« und Motivation für die Menschen könnten Hundeplätze als Spiel- und Lernräume eine wichtige Aufgabe für das Wohlbefinden von Herr und Hund erfüllen. Dazu müßte aber der Phantasie, der Lebensfreude und dem Interesse an artgerechter Betätigung

von Hunden Platz auf den Plätzen geschaffen werden.

Wenn man allerdings sieht, wie schematisch, drillmäßig, phantasielos und kenntnislos auf den meisten Plätzen gearbeitet wird, ist die Hoffnung auf Änderung gering. Vielleicht können die bestehenden Plätze sich gar nicht mehr ändern, weil auch die Menschen gar nicht erwarten, daß aus dem Dressurplatz tatsächlich ein Hundeplatz wird.

Vielleicht müssen Hundefreunde neue, andere und eigene Spielräume für sich und ihre vierbeinigen Kumpels schaffen.

Seniorenreisen — sollen Senioren reisen?

Das Thema Reisen ist eines der traurigsten Kapitel in der Hund-Mensch-Beziehung. Sie alle kennen die schlimmen Statistiken über ausgesetzte und abgegebene Heimtiere, die die Tierschutzvereine im Sommer regelmäßig veröffentlichen. Aber das ist zu diesem Kapitel nur die Spitze des Eisbergs. Die Grausamkeiten sind ganz alltäglich und weit verbreitet, die Hunden im Zusammenhang mit den Urlaubsreisen ihrer Menschen angetan werden. Und weil Hunde nicht laut schreien, keine Demonstrationen machen, keine Beschwerdebriefe schreiben oder streiken, nimmt kaum jemand Notiz von dem vielfältigen Leid.

Ein paar Straßen weiter wohnen Kleins, ein Ehepaar mittleren Alters, in einem penibel sauberen Reihenhaus. Obwohl Frau Klein große Angst vor dieser Rasse hatte und überhaupt lieber einen kleineren Hund wollte, kaufte Herr Klein einen Rottweilerwelpen. Anfangs beobachtete Frau Klein den Hund mißtrauisch, ob er »gefährlich« wird. Da sie aber den ganzen Tag mit ihm zusammen war und auch alle Spaziergänge mit Klein-Anka machte, entwickelte sie vorsichtige Zuneigung zu dem Welpen.

Aber immer wenn Enkelkinder oder hundefeindliche Gäste im Haus waren, wurde Anka an die Heizung angebunden. Herr Klein warnte alle Leute vor seinem »starken« Hund, führte sie an kurzer Leine, wenn er andere Hunde sah, und nahm überhaupt ungern Kontakt mit anderen (Hunde-)Spaziergängern auf, wenn er am Wochenende ausging.

Wenn die beiden jährlichen Wanderurlaube anstanden, nahm man Anka nicht mit, das war zu unbequem. Manchmal nahm ein engagierter »Hauskeeper« Anka dreimal täglich an die Leine zu einem halbstündigen Spaziergang. Ein anderes Mal tat dies eine mitleidige Nachbarin — ansonsten war die Hündin ganz allein in dem Haus. Seit zwei Wochen sind die

Kleins wieder einmal auf Wanderurlaub. Anka hat vor drei Tagen einen jungen, drei Monate alten Hund richtiggehend zerfleischt. Jetzt wundern sich alle.

Das Alleinlassen eines Hundes ist immer eine große Belastung für das Tier. Manchmal ist dies nicht vermeidbar, wenn man zum Beispiel überraschend ins Krankenhaus muß. Bei Urlaubsreisen aber kann man diese Belastung vermeiden oder verringern. Offen gestanden erwarte ich eigentlich, daß man entweder seinen Hund mitnimmt oder aber ihn bei Angehörigen oder Freunden zurückläßt, bei denen der Hund ohnehin sein zweites, gewohntes und geliebtes Zuhause hat. Wenn dies nicht möglich ist, darf man einfach nicht ohne Bronco in Urlaub fahren.

Nicht jeder Hund hat so ein dickes Fell, daß er den Schock, die Angst und die Trauer wegstecken kann bis zum nächsten Urlaub, ohne eine Verhaltensstörung zu entwickeln. Und Schock, Angst, Verzweiflung und Trauer sind unweigerlich die Folge des Alleinlassens. Alles was Sie sich zur Rechtfertigung einfallen lassen, hat keinen Bestand vor dem, was Ihr Hund artgemäß als Verrat an seiner Treue empfinden muß.

Einen Hund kann man nicht irgendwo parken. Die bestgeführte Hundepension kann ihn nicht trösten. Und die netten Karikaturen, auf denen solche Pensionen dafür werben, daß unsere Hunde in ihren Zwingern einen schönen Urlaub verbringen können, zeugen entweder davon, daß diese Leute keine Ahnung von Hunden haben oder zynisch mit dem schlechten Gewissen von Hundehaltern jonglieren.

Das Zurücklassen unseres Hundes in Pensionen oder bei Menschen, die nicht zum »Rudel« von Bronco gehören, ist das gleiche für ihn, wie wenn wir ihn aussetzen oder weggeben. Woher sollte er denn wissen, daß wir wiederkommen? Es gibt sogar Hundebücher, in denen man lesen kann, daß der Aufenthalt in einem Tierheim Hund und Mensch guttäte, weil danach beide wüßten, was sie aneinander hätten! Das mag vielleicht für den menschlichen Teil stimmen, aber Hunde sind keine Menschen, sie denken und empfinden nicht so, also kann auch der pädagogische Sinn für sie nicht deutlich werden. Machen Sie sich da nichts vor! Auch wenn viele Hundebesitzer dies zum Teil mehrmals im Jahr tun, wird es dadurch nicht richtiger, nicht artgemäßer und nicht fairer.

Ich finde, es ist unsere Pflicht und Schuldigkeit, unseren Urlaub so zu wählen, daß unser Hund mitkann. Als wir unseren Hund zu uns nahmen, haben wir damit quasi einen Vertrag geschlossen, der heißt: Du bist mir anvertraut, und ich will alles tun, damit du artgerecht und glücklich alt werden kannst. Das Parken Ihres Hundes während des Urlaubs ist ein schlimmer Bruch dieses Vertrages.

Menschen, die ihren Hund lieben, werden die Urlaubstage nicht zuletzt deshalb so genießen, weil ihr Bronco dann die ganze Zeit mit ihnen zusammensein kann. Solche Menschen haben schon immer Urlaubsziel und Urlaubsunterkunft auch unter dem Blickwinkel ihres Hundes geplant.

Und solche Menschen fragen auch besorgt, ob Bronco-Senior überhaupt noch eine Urlaubsreise zugemutet werden kann.

Fast alle Hunde fahren gerne im Auto mit, und fast alle fahren gerne mit in Urlaub, wenn man ihnen die Reise nicht vergällt. Die meisten Hunde kennen die Urlaubsvorbereitungen genau und sind beim ersten Anzeichen von Kofferpacken sorgsam darauf bedacht, daß sie ja nicht vergessen werden. Es wäre schlimm, wenn der alte Hund dann nicht mitfahren dürfte.

Es gelten für ihn die gleichen Regeln wie für den Jüngeren: Suchen Sie Ihr Urlaubsziel mit Rücksicht auf Ihren Alten aus. Er verträgt wahrscheinlich Hitze und Kälte schlechter als früher, denken Sie daran bei der Wahl des Urlaubsziels und bei der Anreise und Heimreise im Auto. Halten Sie besonders bei Ihrem Senior immer genügend Wasser bereit. Gerade beim älteren Hund empfiehlt es sich, ausreichende Mengen seines gewohnten Futters mitzunehmen. Die Bestückung der Reiseapotheke für Ihren Vierbeiner besprechen Sie am besten mit Ihrem Tierarzt, er kennt (falls vorhanden) die Gebrechlichkeiten Ihres Hundes und kann vorsorglich Hilfsmittel empfehlen.

Reisen ist für einen älteren Hund überhaupt kein Problem, wenn er es sein ganzes Hundeleben über getan hat. Gewisse Rücksichten auf sein Alter sollte man nehmen, aber auch hier gilt: Zu große Vorsicht ist oft schädlich. Ob allerdings Flugreisen für Ihren Alten angezeigt sind, sollten Sie auf alle Fälle mit Ihrem Tierarzt besprechen. Das entscheidet sich je nach Tier ganz unterschiedlich, und ganz problemlos sind Flugreisen ja auch für jüngere Tiere nicht.

Also nehmen Sie Ihren alten Freund auf jeden Fall mit. Wenn der Tierarzt sagt, daß er tatsächlich nicht mehr reisen darf, dann überlegen Sie doch bitte, ob Sie nicht auch einmal zu Hause Urlaub machen können — Ihr Freund hat ein Recht darauf.

Alte Liebe rostet nicht

Wechseljahre gibt es nicht

Hunde haben eine durchaus positive Einstellung zum Sex. Bei Hundedamen beschränkt sich das sexuelle Engagement zwar auf die Zeiten der Läufigkeit, bei Hundeherren gibt es aber keine zeitliche Beschränkung.

Anders als bei uns Menschen verlieren Hündinnen ab einem bestimmten Lebensalter leider nicht ihre Läufigkeit bzw. ihre Fruchtbarkeit. Bei vielen Hündinnen verändert sich die Intensität der Läufigkeit im hohen Alter. Bei sehr betagten Damen merkt man manchmal kaum noch, daß sie läufig sind. Aber bei Ihrer Cindy muß das nicht so sein. Je nach Veranlagung kann auch eine sehr alte Hündin sexuell aktiv, interessiert und »erfolgreich« sein. Wechseljahre gibt es nicht.

Unsere Nachbarshündin Bessy, ein bobtailähnlicher Mischling, ging noch in hohem Alter auf Partnersuche. Immer wieder hatte sie eine Möglichkeit gefunden, aus dem Haus zu entkommen. Zielstrebig trabte sie zu Robin, unserem Vorstadthunde-Casanova. Falls er nicht auf der Straße war, »rief« Bessy ihn lautstark und entschieden herunter. Meist mußte sie aber gar nicht rufen. Robin wartete stundenlang geduldig auf seine Freundin, denn er war stets bestens über den aktuellen »Zustand« der Hundedamen in seinem Revier informiert.

Und wenn die beiden sich endlich gefunden hatten, ging's ab durch die Mitte — raus auf die Streuobstwiesen und die Feldflur. Mit List und bemerkenswerter Raffinesse entzogen sie sich allen Suchtrupps, die die jeweiligen Menschenfamilien ausschickten. Man sah die beiden erst geraume Zeit später wieder, verdreckt, erschöpft, aber friedlich nebeneinander Richtung Heimat traben. Zum Glück schienen beide sich zwar innig zu lieben, im Hinblick auf die Nachkommenschaft aber recht erfolglos zu sein. Die Sorge während der Eskapaden des liebestollen Paares beschäftigte zwei Familien regelmäßig. Auch wenn diese Flitterstunden keine handfesten Konsequenzen hatten, blieb doch Engagement und Interesse von beiden, bis Bessy schließlich mit zwölf Jahren starb und ihren gleichaltrigen Galan alleine zurückließ.

Man muß also seine alte Hündin genauso sorgfältig unter Kontrolle halten, wenn sie läufig ist, wie in früheren Jahren. Sie kann (und will) Sex praktizieren, und sie kann Junge bekommen. Trauen Sie übrigens Ihrem alten Blaustrumpf nicht: Wenn der richtige Rüde kommt, läßt sich auch manche Männerfeindin überreden. Vielleicht ist ihr bisher einfach nur noch kein Rüde als passend erschienen. Gerade solche Hündinnen sind dann doch sehr begeistert, wenn ihr Traumrüde kommt. Äußerste Vorsicht ist also angesagt und ein gesundes Mißtrauen in die Abgeklärtheit Ihrer alten Dame.

Es sollte zwar nicht passieren, aber wenn ihr altes Mädchen gedeckt wurde, dann ganz schnell zum Tierarzt. Er wird Ihnen ganz sicher zu einer »Pille danach« raten. Erstens sind Zufallswürfe nicht gut, weil Sie sich nicht darauf vorbereitet haben und weil Sie sicherlich auch noch keine Interessenten für die Welpen haben, und ohne die sollte kein Wurf fallen.

Zweitens ist Schwangerschaft, Geburt und Welpenaufzucht kein Kinderspiel für die Hündin, schon gar nicht für eine alte Dame. Ihr einen Wurf, möglicherweise sogar den ersten, zuzumuten, ist eine menschliche Rücksichtslosigkeit. Der beste Antibabyschutz sind Sie. Passen Sie ganz besonders bei der älteren Hündin auf, und vermeiden Sie die Entscheidung, vor die Sie ein ungewollter Deckakt stellt.

Kein Ruhestand für Don Juan

Meine Andra hatte einen ganz besonders heißblütigen Verehrer, Blacky, den schwarzen Schnauzer-Mischling. Immer wenn Andra läufig war, konnte Blackys Frauchen kaum aus dem Haus. Blacky zog sie mit aller Kraft zu unserem Grundstück.

Manchmal konnte sein Frauchen ihn nicht mehr halten. Blacky riß sich los: ab durch die Mitte zu Andra. Mit einem Satz über unseren Zaun und dann geduldig gewartet, bis die Angebetete aus der Haustür trat. Das tat sie zwar meist nicht, weil wir telefonisch vorgewarnt waren, aber Blacky konnte wenigstens hoffen.

Blacky war schon im fortgeschrittenen Alter, als unser Hundekind Andra zu uns kam. Blacky war schon recht betagt, als Andra in ihren besten Jahren war. Sein Herz machte Sorgen, und die Gelenke sorgten für Beschwerden. Eines Tages landete der liebestolle Blacky wieder diesseits von Andras Zaun, es war sein letzter Besuch. Kurz danach starb er an einer Herzattacke — Sie verstehen, die Aufregung!

Auch Robin, der inzwischen ein ebenfalls betagter Hund ist, rennt nicht mehr so schnell, aber immer noch zielstrebig und selbstbewußt zur Haustüre der jeweils läufigen Hundedame in seinem recht großen »Jagdrevier«. Altersgebrechen, falls er sie in diesen Tagen überhaupt spürt, tun seinem Pflichteifer keinerlei Abbruch, und weil die meisten anderen Rüden strenger unter Kontrolle gehalten werden, hat Robin kaum Konkurrenz. Für einen liebestollen Rüden gibt es keinen Ruhestand, und vertrauen sollte man den Hinweisen auf ein »Ruhiger-Werden mit dem Alter« sowieso nicht. Rüden, die zuvor an der Sexfront nicht allzu stark engagiert waren, sind dann natürlich auch im Alter ruhiger. Mein Schäferhund Ben war so einer. Die Hundedamen interessierten ihn nur mäßig. Aber er hatte einige wenige Hündinnen, die er sehr verehrte. Und der Werbung einer dieser Hündinnen erlag er dann im fortgeschrittenen Alter von elf Jahren und opferte ihr mit beachtlichem Können und sichtbarem Erfolg seine Unschuld.

Möglicherweise wird Ihr Don Juan zu Hause mit dem Alter ruhiger, darauf hoffen sollten Sie aber nicht. Den Ärger, den ein Hündinnenbesitzer mit einem ungewollten Deckakt hat, wird er nämlich gerne mit Ihnen »teilen«, auch wenn bei Hunden die Schuldfrage bei ungewollten Schwangerschaften allein bei den Hündinnen liegt.

Kastration von älteren Tieren?

In den letzten Jahren wird in der hundeinteressierten Öffentlichkeit immer wieder das Pro und Contra der Kastration von Hunden diskutiert. In den USA und auch bei uns gibt es mehr oder weniger seriöse Umfragen zu den Auswirkungen der Kastration. Die Tierärzte unterscheiden sich nach grundsätzlichen Befürwortern und bedingten Ablehnern. Eine eindeutige Antwort gibt es derzeit nicht.

Wenn Ihr Hund keine gesundheitlichen Probleme hat, gibt es eigentlich keinen Grund, warum Sie den Eingriff vornehmen lassen sollten. Es gibt aber einige medizinische Gründe, bei denen eine Kastration möglicherweise angezeigt ist.

Bei Hündinnen, vor allem bei solchen, die zur Scheinträchtigkeit neigen, zeigt sich im höheren Alter oft eine Neigung zu Gebärmutterentzündungen. Das ist ein ganz klarer Grund für eine Totaloperation/Kastration. Auch bei meiner Andra war das so. Bereut haben wir es nicht. Sie wurde viel ausgeglichener, weil sie nicht mehr diese ganzen Umstände hatte, die mit der Läufigkeit für sie verbunden waren und die sie sehr wichtig nahm.

Sie ist ein durchweg fröhlicher, gutgelaunter Hund geworden. Die Phasen eingebildeter Schwangerschaft, in denen Andra immer furchtbar müde, hungrig und oft schlecht gelaunt war, gibt es nicht mehr. Die Aufregungen mit dem Markieren, oftmals schon sechs Wochen vor Beginn der Läufigkeit, mit dem der Männerwelt mitgeteilt wurde, daß Andra bald heiraten wollte, sind ausgestanden. Andra wird zwar schneller dick, wenn man nicht aufpaßt, und auch ihr Fell wurde entschieden voller, aber mit beidem kann man leben.

Zögern Sie also nicht, wenn es einen medizinischen Grund gibt zur Kastration, aber beraten Sie sich mit Ihrem Tierarzt, wenn nur das Alter für Sie der Grund für den Eingriff sein sollte. Beim Rüden kann es im fortgeschrittenen Alter Probleme mit einer sich vergrößernden Prostata geben. Sie merken das daran, daß Ihr Rüde Schwierigkeiten mit dem Kotabsatz hat. Beim Hund liegt die Prostata anders als beim Menschen – sie drückt den Darmausgang zusammen, wenn sie größer wird. Das ist ebenfalls ein durchaus wichtiger medizinischer Grund, der eine Kastration empfehlenswert macht. Wenn dem Rüden nämlich die Hoden entfernt werden, schrumpft die Prostata oder wird zumindest nicht weiter größer, was dem Hund Erleichterung verschafft.

Ältere Hunde, Rüden wie Hündinnen, verändern sich durch eine Kastration selten, sie werden eher ausgeglichener, meist merken Sie gar nichts. Ob Sie die bestehenden Risiken (Harnträufeln, Fellprobleme, Neigung zur Fettsucht usw.) eingehen wollen, müssen Sie gemeinsam mit Ihrem Tierarzt abwägen. Besonders für die männlichen Leser ist vielleicht auch noch angezeigt, darauf hinzuweisen, daß auch der Rüde nach der Operation keinerlei Bewußtsein von einem Verlust hat. »Kastration, ja oder nein?« ist allein eine sachliche Frage, die besonders beim älteren Hund große Bedeutung für ein gesundes Altern haben kann.

Alt und Jung tut nie gut!?

Junger Freund – junger Feind?

Als die alte Senta starb, war große Trauer im Haus von Familie Burger. Senta fehlte an allen Ecken und Enden. Lange hielten es Burgers ohne einen Hund nicht aus. Wider besseren Wissens kauften sie den nächstbesten Welpen, Janosch, einen Kerry-Blue-Terrier. Sie hatten Glück, Janosch war ein Prachthund und machte ihnen sehr viel Freude.

Als auch Janosch alt wurde, beschlossen Burgers, nicht noch einmal diese große Trauer durchzumachen. Diesmal sollte vorher der Trost, der Nachfolger, schon da sein. Cora, eine junge Hovawarthündin, wurde ins Haus geholt.

Ab ihrer Ankunft fraß Janosch

schlecht, zog sich in sich zurück, war traurig, wurde mürrisch und schnappte schon mal, wenn ihm etwas nicht paßte. Janosch verbrachte seine letzten Monate in diesem bedauernswerten Zustand.

In älteren Hundebüchern findet man oft die Empfehlung, genauso zu handeln. Der Nachfolger würde vom guten alten Hund schon »eingearbeitet«. Der alte Hund werde dadurch wieder jünger, lebhafter, an der Umwelt interessierter, und wenn er schließlich gehen müsse, würde der Abschied nicht ganz so weh tun.

Diese rührende Empfehlung sollte man aber nicht ungeprüft umsetzen. Sie trifft nämlich nicht auf jede Situation und auf jeden Hund zu. Und daß die Mehrhundehaltung artgerechter als die Einzelhaltung sei, glaubt Ihnen Ihr verwöhnter Einzelhund sowieso nicht.

Jeder Hund ist anders, auch die folgenden Überlegungen müssen für Ihren Hund nicht stimmen. Aber schließlich kennen Sie Ihren Pappenheimer ja so gut, daß Sie fair für ihn entscheiden können.

Mamas Liebling will keine Konkurrenz

Vielleicht haben Sie zu Ihrem Hund so eine Beziehung wie ich zu meiner Andra. Wir lieben uns, sie hat einen großen Respekt vor und unendliches Vertrauen zu mir. Wir sind in allen Lebensfragen ein eingespieltes Team. Andra wird jedem anderen Hund im Bekanntenkreis deutlich vorgezogen. Wir verbringen möglichst viel Zeit zu-

sammen; wo ich bin, da ist auch (fast immer) mein Hund.

Zugegeben, Andra ist ziemlich verwöhnt, aber warum sollte sie es nicht sein? Sie ist weder bissig noch irgendwie neurotisch, sondern nur ein glücklicher Hund, der sich in der Zuneigung seines Menschenrudels wohl und geborgen fühlt.

Ich würde Andra niemals einen Zweithund zumuten, weil ich ganz sicher bin, daß sie darunter sehr leiden würde. Was Andra bei Gasthunden an Entgegenkommen zeigt, gilt nur so lange, wie damit zu rechnen ist, daß sie unser Revier wieder verlassen. Ich nehme schon lange keinen Hund mehr in Pflege, weil meine Andra ganz furchtbar trauert – vom ersten bis zum letzten Tag der Anwesenheit eines solchen Gastes.

Ein Hund, der zeitlebens der geliebte Einzelhund war, wird sich schwertun, wenn ihm im Alter ein junger Hund zugesellt wird. Es kann gutgehen, wahrscheinlich ist das aber nicht. Am ehesten klappt es wohl, wenn Sie einem alten Rüden eine Hündin beigeben. Wenn er sie mag, kann er auch leichter die Enttäuschung verschmerzen, die Sie ihm mit dem neuen Hund zufügen.

Bei einer Hündin ist die ganze Angelegenheit ohnehin schwieriger. Bringen Sie einen Welpen ins Haus, kann das für den Kleinen schlimm ausgehen, denn Hündinnen zeigen fremden Welpen gegenüber nicht immer mütterliche Gefühle. Das Kindchenschema, das ansonsten zuverlässig eine Beißhemmung auslöst, funktioniert automatisch nur bei den eigenen Welpen. Fremden Hundebabys gegenüber können Hündinnen aggressiv werden.

Der Hintergrund: Hündinnen verteidigen das Recht ihres eigenen Wurfes gegen fremden Nachwuchs, auch wenn sie niemals Junge hatten. Jeder Hundezüchter kennt das Problem, wenn er einige Saugwelpen zu einer Amme geben muß. Die Gefahr, daß sie getötet werden, ist groß, auch wenn es eine Menge Tricks gibt, die Amme gnädig zu stimmen.

Der beste Zweithund ist immer der eigene Welpe, aber genau dazu wird Ihre alte Dame ja (hoffentlich) nicht mehr kommen.

Ganz einfach ist also das Aufnehmen eines Welpen in den Lebensbereich eines alten Einzelhundes nicht. Was für den Welpen gilt, ist noch viel ausgeprägter, wenn Sie ein jüngeres erwachsenes Tier zu sich nehmen möchten. Selbst wenn sich beide Hunde schon lange kennen, ist ein friedliches Zusammenleben dadurch noch lange nicht gesichert.

Einzelhunde sind in aller Regel nicht erfreut über einen weiteren Hund. Wenn Sie trotzdem einen Zweithund aufnehmen wollen oder müssen, weil es die Umstände erfordern, stellen Sie sich auf ein umfassendes Trainingsprogramm ein. Sie müssen deutlich machen, daß in Ihrem Rudel nur einer das Sagen hat und nur einer die Regeln bestimmt, nämlich Sie. Daß Ihr alter Freund weiterhin die erste Geige spielt, dafür sorgen Sie natürlich auch. Es sei denn, er läßt sich dieses Vorrecht, aus inzwischen erwachter Zuneigung zu seiner Pflegetochter oder Freundin, bereitwillig aus der Pfote nehmen.

Gemeinschaft von Frühling und Winter?

Wenn Sie und Ihr Hund allerdings die Gesellschaft von mehreren Hunden gewohnt sind, dann spricht nichts gegen das Aufnehmen eines jungen zu einem alten Hund, wenn die entsprechenden Vorsichtsmaßnahmen getroffen werden. Der Alte freut sich über die schon vermißte Hundegesellschaft, und der Junge wird überglücklich sein, einen Hund als Vorbild und Beschützer zu haben. Anders als die Senioren sind Welpen nämlich absolut im Glück, wenn sie in ihrer neuen Heimat einen erwachsenen Hund vorfinden.

An unseren Hausgarten grenzt das Grundstück unseres neuen Nachbarhundes Lukas an. Der kleine Welpe kann lange in einer Lücke der Hecke sitzen und unsere Andra beobachten, wenn sie so lehrreiche Dinge tut wie

Zweige zernagen, an Ochsenziemern kauen, Brombeeren pflücken oder den Auslauf unserer Schildkröten bewachen. Dreht sie ihren Kopf nur leicht in seine Richtung – sie weiß genau, daß er sie beobachtet –, geht ein Schauer der Erregung durch seinen Körper, und sein Schwänzchen wedelt heftig.

Die Heldenverehrung ist unbeschreiblich, und für Lukas gibt es nichts Schöneres, als mit seiner verehrten Nachbarin zusammen spazierenzugehen. Andra braucht ihn übrigens nur einmal zu verwarnen, und künftig wird die kritisierte Aktion nicht mehr ausgeführt. Unsere Nachbarsmenschen beobachten diese prompten Erziehungserfolge mit sichtbarem Neid.

Diese reizende Freundschaft endet für unsere Andra aber an der Haustür. Wenn Lukas Anstalten macht, vom Garten ins Haus zu gehen, schreitet Andra energisch ein. Nur mein Machtwort erlaubt Lukas den Zutritt.

Die gleiche Freude gibt es auf Seiten der älteren Hunde zwar meist nicht, aber wenn sie Hundegesellschaft gewohnt sind, dürften die Probleme gering sein. Was Sie allerdings im Interesse Ihres Seniors überlegen sollten, ist die Frage, ob Ihr neuer Hund den alten körperlich nicht überfordert. Denken Sie daran, daß der junge, trotz allen Respekts, möglicherweise ein wilder Geselle ist, als Halbstarker

eventuell ein Rempler, der für Ihren Senior gefährlich werden kann. Und umgekehrt kann Ihr Senior, wenn er sich denn dazu herabläßt, Ihren Kleinen beim Spielen umrennen und nicht unerheblich verletzen. Größenunterschiede und Kraftunterschiede sind also zu bedenken und zu berücksichtigen.

Sie können natürlich auch der Auffassung sein, das ganze Problem sei unwesentlich. In der sogenannten freien Wildbahn würden auch neue Rudelmitglieder dazukommen, Ränge aufgegeben oder abgegeben werden und Alttiere von Jungtieren grob behandelt werden oder Alttiere zum Abtreten gezwungen.

Mag sein, daß dies so ist, aber seit unsere Hunde die freie Wildbahn verlassen haben, ist eine ganze Menge passiert. Glücklicherweise haben unsere Hunde nicht mehr alle Eigenschaften ihrer wilden Ahnen, sonst könnten sie nicht mit uns zusammenleben. Und außerdem: Wir sind keine Wölfe, sondern haben eine bestimmte Moral entwickelt, die uns auch in unserem Verhältnis zum (alten) Hund anleiten sollte. Für mich heißt das: Ich entscheide die Frage, ob ein zweiter Hund ins Haus kommt, ausschließlich nach dem Gesichtspunkt, ob es für meinen alten Hund gut ist, und nicht nach egoistischen Überlegungen oder in vorweggenommenem Selbstmitleid.

Einen alten Baum verpflanzt man nicht!?

Meistens ist es nicht zu spät

In (hoffentlich) vergangenen Zeiten gab es verschiedene Anlässe, sich von einem alten Hund zu trennen. Der Diensthund, der den Ansprüchen nicht mehr gewachsen war, der Schäferhund, der die Kondition nicht mehr aufbrachte, die ein Hütetag von einem Hund fordert, oder der treue Jagdbegleiter, dessen Jagdlust sich merklich minderte: sie alle wurden oft abgegeben, als Wachhund zum Beispiel, oder aber man »erlöste« den alten Mitarbeiter durch einen Flintenschuß. Der Gebrauchswert des Hundes bestimmte sein Leben. Taugte er nicht mehr für seine Aufgaben, wurde nicht viel Federlesens mit Greif, mit Blitz, mit Diana und Waldmann gemacht.

Das geschieht heute sicherlich noch immer. Es wird sich wahrscheinlich kaum ein Tierarzt finden, der einen ansonsten gesunden Hund nur wegen seines Lebensalters einschläfert, aber solche gebrauchswertorientierten Hundehalter haben ja auch schon in früheren Zeiten dafür keinen Tierarzt gebraucht. Es ist heute schon eher die Regel, daß der alte Gebrauchshund bleiben darf. Zumindest bei den Diensthunden ist es fast immer so, daß der Hundeführer seinen vierbeinigen Pensionisten nach Hause nimmt, wenn dies irgend geht. Ruhestand beim alten Chef zu Hause ist bestimmt die angenehmste Art, sein Diensthundeleben zu beenden.

Anders war das schon immer bei Hunden, die aus Freude am gemeinsamen Leben mit diesem Tier gehalten wurden. Einerseits war hier ganz selbstverständlich, daß es keinen »Ruhestand« und damit keine Frage gab, wo der Hund ihn denn verbringen sollte. Andererseits gibt es gerade in diesem Bereich eine Menge Möglichkeiten, extrem grausam mit einem alten Hund umzugehen.

Sie alle kennen sicherlich Beispiele für die vielfältigen Tragödien, die

dazu führen, daß ein Hund kein Herrchen oder Frauchen mehr hat. Der Tod der Bezugsperson, die Scheidung, die dazu führt, daß keiner mehr ausreichend Zeit für den Hund hat, eine Krankheit, die das Halten des Hundes nicht mehr möglich macht, und dann die vielen menschlichen Gemeinheiten gegenüber dem treuen Freund, das »Weggeben«, wenn er alt wird, oder das Aussetzen am Straßenrand.

Was bei einem jüngeren Hund noch vergleichsweise problemlos geht, das »Ausstoßen« aus dem vertrauten Rudel und das Aufnehmen in eine neue Gemeinschaft, das wird beim älteren Hund natürlich immer viel tragischer und schwieriger sein.

Aber unmöglich ist das Übernehmen in den seltensten Fällen. Paradoxerweise wird sich ein Hund sogar eher in der neuen Familie oder bei seinem neuen menschlichen Partner einleben, wenn er es vorher gut gehabt hat und gegenseitige Zuneigung das gemeinsame Leben bestimmt hat. Ein solcher Hund wird zwar trauern, aber er wird auch fast immer in der Lage sein, eine neue Beziehung einzugehen. Er hat ja über viele Jahre erfahren, daß man den Menschen vertrauen kann, daß die Beziehung zu einem Menschen Sicherheit gibt und Wohlbehagen bereitet. Wenn dieser Hund zu neuen Menschen kommt und diese nicht total gleichgültig gegenüber seiner hundlichen Art, sich einzufügen, sind, dürfte es keine Probleme geben.

Ganz anders wird es in den Fällen sein, in denen ein ohnehin problematisches Zusammenleben dann beendet wird, wenn der Hund alt geworden ist. Oft annoncieren sogenannte Züchter ihre »untauglich« gewordene Gebärmaschine, damit sie noch ein paar Mark abwirft. Die Mitarbeiter der Tierheime könnten ganze Märchenbücher darüber veröffentlichen, welche Gründe angeblich dazu führen, einen alten Hund abzugeben. Es ist immer das Ende einer mehr oder weniger unglücklichen Beziehung zwischen einem armen Hund und seinen gedankenlosen Besitzern.

Von der Vorgeschichte dieses Hundes weiß man dann nicht viel, oder oft eben nur diese Märchen. Der Hund hat aber eine Geschichte, aus der er gelernt hat; aus der er vor allem gelernt hat, wie er sich Menschen gegenüber zu verhalten hat. Das Zusammenleben mit ihm kann sehr schwierig werden und setzt meist ein großes Einfühlungsvermögen und Hundeverstand voraus.

Wenn Sie einen solchen Hund zum Beispiel aus einem Tierheim übernehmen wollen, müssen Sie damit rechnen, daß er sich zunächst ganz anders verhält, als er es später tun wird. Der freundliche zurückhaltende Senior kann nach ein paar Monaten in Ihrer Obhut ein kämpferisches Rambogehabe offenbaren. Denken Sie immer daran, daß er gegenwärtig stark verunsichert ist, daß eine Menge neuer Reize auf ihn einströmen, daß die Vielzahl von Artgenossen auf

Drei alte Hunde, drei schöne Hunde, drei Hundegesichter, die eine Geschichte erzählen.

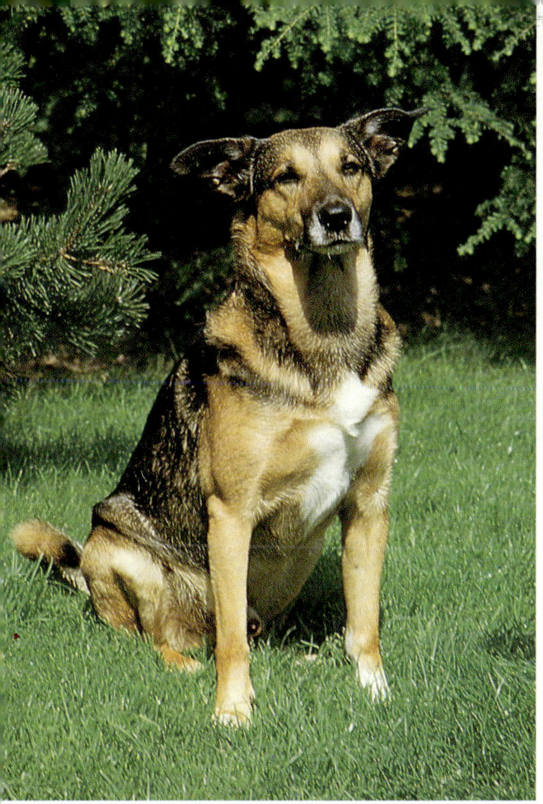
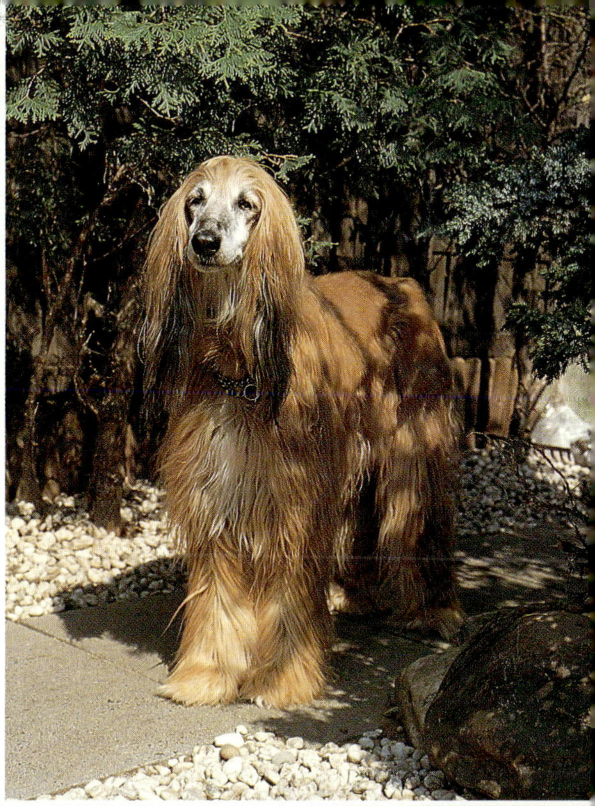
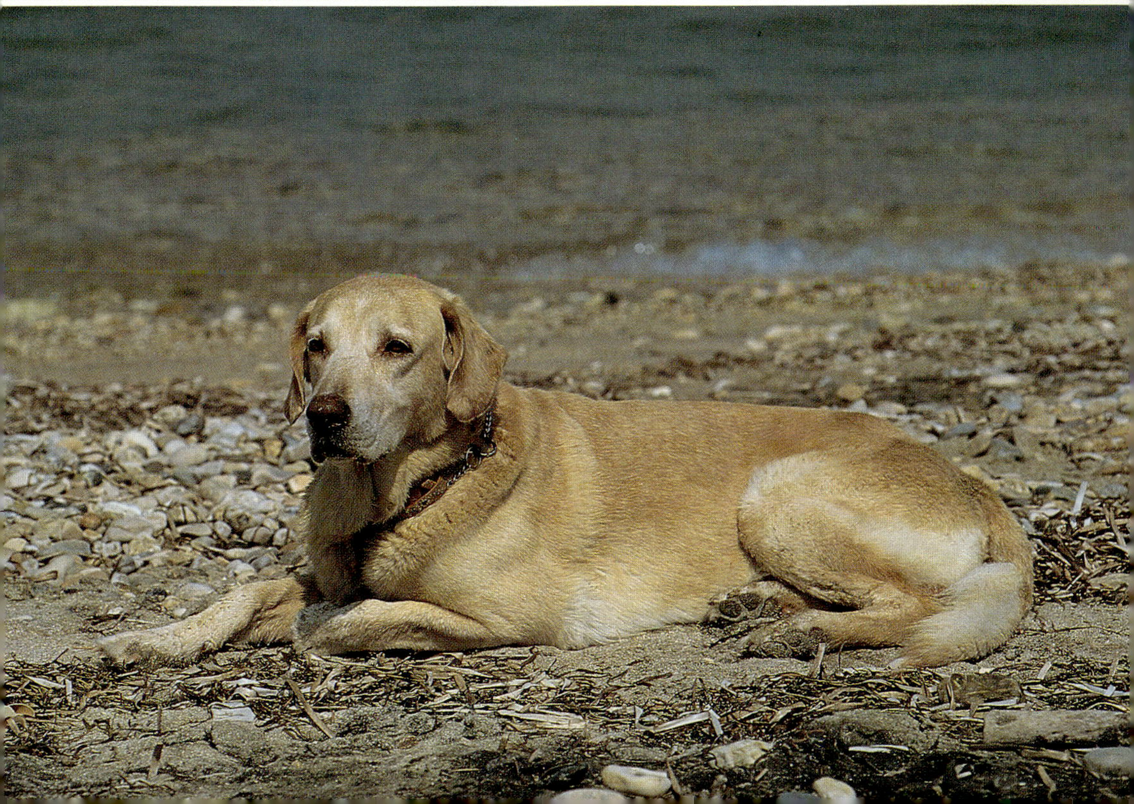

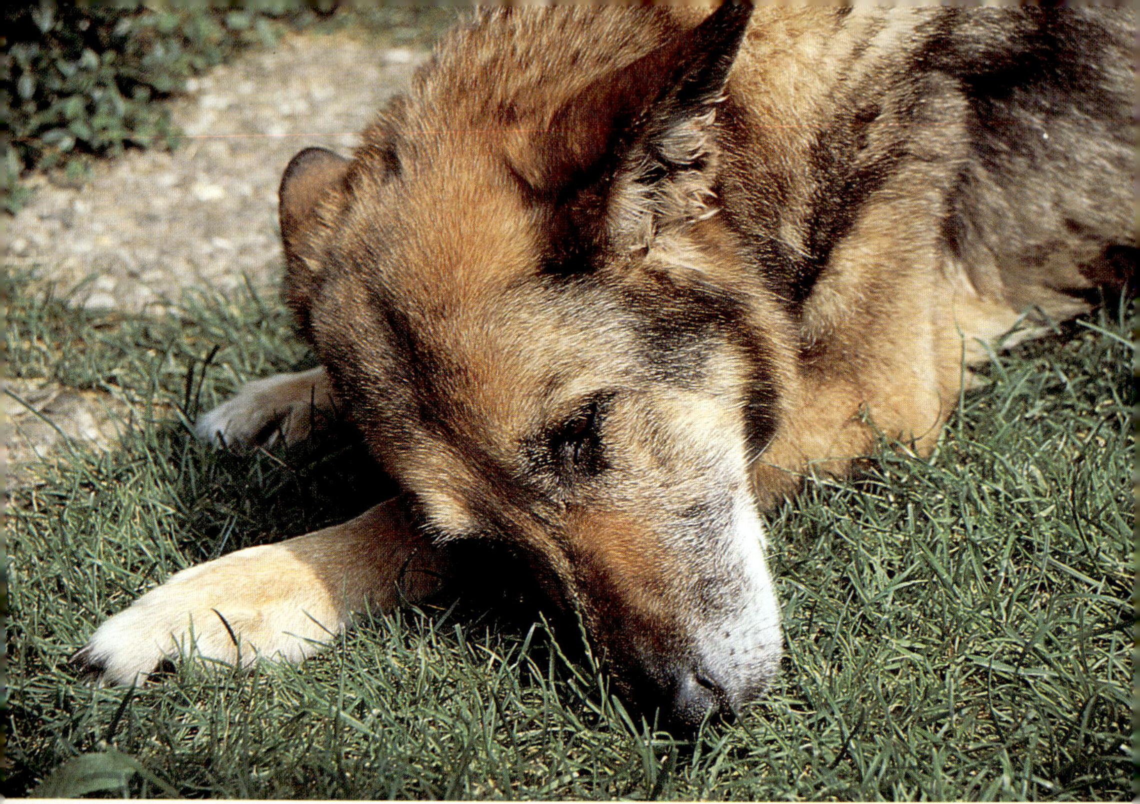

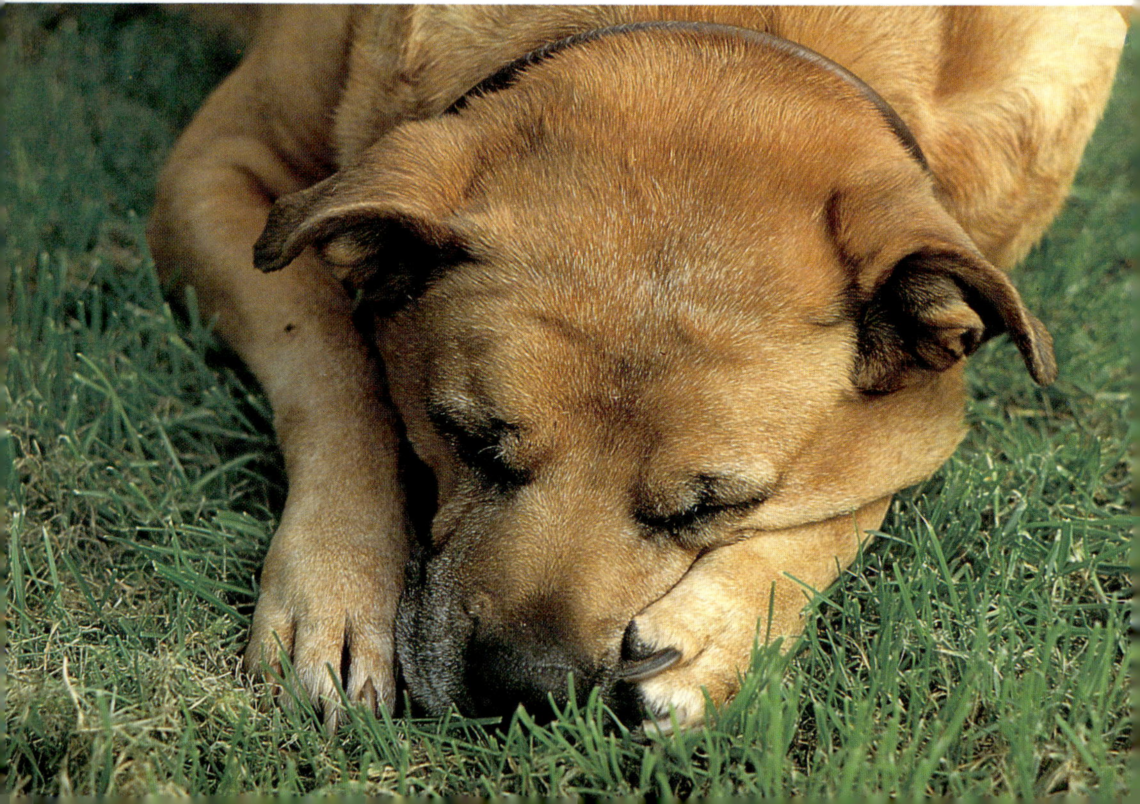

Das Schlafbedürfnis steigt, aber aufgeweckt bleiben Hundesenioren allemal.

engem Raum im Tierheim ihn verwirrt, daß er eben nicht »er selbst« ist in dieser Zeit und in dieser Umgebung. Das wird sich ändern, wenn er sich allmählich bei Ihnen zu Hause fühlt. Viele Unarten, Verhaltensstörungen oder Wesensprobleme im Umgang mit Menschen und anderen Hunden werden sich erst dann zeigen. Vorbeugen können Sie hier nur wenig. Selbst ausgedehnte Spaziergänge in fremder Umgebung oder Wochenendbesuche bei Ihnen sind keine zuverlässigen Entscheidungshilfen. Helfen tut nur Ihr Selbstvertrauen, Ihre Feinfühligkeit und eine gute Portion Glück. Fast immer lohnt sich der Einsatz, denn alte Hunde sind immer kluge Hunde, und die Freundschaft mit ihnen ist ein Geschenk, um das es sich zu kämpfen lohnt.

Eingewöhnen, angewöhnen, verwöhnen

Für das Eingewöhnen eines Seniors ist es sehr wichtig, daß Sie möglichst viel über seine Vorgeschichte wissen. Wenn Sie einen Hund von einem Bekannten übernehmen, der nicht mehr für ihn sorgen kann, sind solche Informationen leicht zu bekommen. Sie kennen schnell seine Ängste, das, was ihm Vergnügen macht, seine Tricks, wenn er nicht gehorchen will, die Art, wie man ihn am besten zum Gehorsam bringt, seine Unarten und seine Vorzüge, seine Leibspeisen und

das, was ihm partout nicht schmeckt – eben all die vielen Kleinigkeiten, die wichtig sind fürs gedeihliche Zusammenleben. Fragen Sie all diese Informationen ab, Sie werden sie brauchen können.

Bei einem verstoßenen Senior haben Sie diese Informationsmöglichkeiten nicht, Sie müssen quasi zum Privatdetektiv in Sachen Vorgeschichte werden. Ihre Recherche bedeutet beobachten, beobachten, beobachten. Gehen Sie mit Ihrem neuen alten Freund in verschiedene Situationen hinein, im Park zu Joggern und Radfahrern, zu Kindern und verschiedenen Menschen, vor allem aber zu anderen Hunden. Sie werden ihn dabei schnell und intensiv kennenlernen. Treffen Sie aber Vorsorge, daß Sie keine bösen Überraschungen erleben. Das bedeutet: Sichern Sie Ihren Freund mit Leine oder einer langen

dünnen Nylonleine, solange Sie nicht sicher sind, wie er reagiert.

Machen Sie mit ihm verschiedene Unterordnungsübungen. Das macht einmal Ihren Rang deutlich und sorgt darüber hinaus für eine Vertiefung Ihrer Beziehung, denn alles, was Sie gemeinsam mit Ihrem Vierbeiner machen, knüpft die Bande zwischen Ihnen enger.

Spielen Sie all die Spiele mit ihm, die Ihnen und ihm Spaß machen. Machen Sie aus dieser ganzen Zeit der Eingewöhnung vor allem aber ein lustbetontes Kennenlernen, mit Spaß, Interesse und vor allem ohne große Dramatik. Lassen Sie sich Zeit, und geben Sie Ihrem Neuen Zeit, und alles wird sich zur beiderseitigen Zufriedenheit entwickeln.

Kinder und alte Hunde — (k)ein schwieriges Verhältnis

In unseren Familienalben finden sich eine Menge Fotos, die mich als vier-, fünfjährigen Steppke zeigen, begleitet von einem graubärtigen schwarzen Jagdspaniel. Mohrle kam zu uns, weil der Chef unseres Nachbarn meinte, der Spaniel sei zu alt für die Jagd und müsse »abgetan« werden. Unser Nachbar bat um den Hund, bekam ihn großzügig geschenkt und gab ihn als Spielkamerad an uns weiter.

Ob der alte Bursche ein Spielkamerad wurde, daran erinnere ich mich nicht mehr genau, aber daß er ein wunderbarer Babysitter war, das weiß ich noch. Unerschütterlich saß er neben uns, wenn wir in der Sandkiste spielten, und paßte auf. Den Kinderwagen meiner Schwester behielt er stets im Auge, und er ließ sich nur unwillig von seinem Wächterjob abru-

fen. Mohrle war unser Freund, bei dem man sich ausweinen konnte, mit dem man schmusen konnte und an dessen Seite man ein erholsames Nickerchen auf der Wiese hinterm Haus machen konnte. Für ausgelassene Spiele war Mohrle schon zu alt, aber für die Rolle des tierischen älteren »Bruders« war er genau richtig.

Bei Mohrle ist etwas gelungen, was ansonsten meist sehr schwierig ist: das Aufnehmen eines alten Hundes, der Kinder nicht gewohnt ist, in eine Familie mit kleineren Kindern. Mohrle war ein geborener Babysitter, das dürfen Sie aber nicht bei allen Hunden erwarten. Hunde, die Kinder nicht gewohnt sind, werden sie meist wie Hundewelpen behandeln. Das bedeutet, Rüden sind fast immer nachsichtiger gegenüber dem Nachwuchs,

Hündinnen meist unduldsamer, beide weisen die Menschenkinder aber auf Hundeart zurecht. Das führt zwar meist nicht zu einem blutigen Ergebnis, aber sehr schmerzhaft für ein Menschenkind ohne Hundefell kann es schon werden.

Wenn Sie einen alten Hund aufnehmen wollen und kleinere Kinder haben, müssen Sie für beide Seiten ein Lernprogramm machen. Der Hund muß lernen, daß Kinder in der Rangordnung über ihm stehen. Das wird er gerne akzeptieren, wenn die Kinder sich entsprechend verhalten. Die Kinder müssen lernen, daß der Hund respektiert werden soll. Das hundliche Ruhebedürfnis muß akzeptiert werden, das absolute Tabu des Körbchens oder Liegeplatzes muß gerade für Kinder gelten.

Besonders Hunde, die wenig oder keine Erfahrung mit Kindern haben, brauchen unbedingt eine Rückzugsnische, die von niemandem im Familienrudel gestört werden darf. Kinder müssen verstehen lernen, daß der Hund ein eigenes Wesen ist, mit einem Recht auf Rücksicht auf seine Lebensformen und Bedürfnisse. Das ist nicht weiter schwierig, denn Kinder stellen ja die gleichen Anforderungen an die familiäre Lebensgemeinschaft. Wenn Sie dazu Zeit haben, bevor der alte Hund ins Haus kommt, dann schaffen Sie es bestimmt, Ihre Kinder so vorzubereiten, daß daraus ein gedeihliches Verhältnis wird. Selbstverständlich lassen Sie den neuen alten Hund und Ihre Kinder nicht unbeaufsichtigt allein — zum Schutz der Kinder, aber auch zum Schutz des neuen Familienmitgliedes.

Viel einfacher ist es, wenn in den Haushalt eines älteren Hundes Kinder hineingeboren werden. Sie müssen schon eine Menge falsch machen, damit daraus nicht eine schöne Aufgabe für Ihren vierbeinigen Freund wird. Sorgen Sie dafür, daß Ihr Hundesenior nicht eifersüchtig wird, lehren Sie ihn, daß er auf das neue Familienmitglied aufpassen soll, und alles wird gutgehen.

Für Kinder ist das Leben mit einem älteren oder alten Hund eine wichtige, nicht zu unterschätzende Quelle von Lebenserfahrung. Sie lernen, daß es unterschiedliche Lebensalter mit unterschiedlichen Möglichkeiten der Lebensgestaltung gibt. Sie verstehen, daß Rücksichtnahme und Verständnis das gemeinsame Leben bereichern. Kinder werden zu fairen und sensiblen Beobachtern, damit sie ihren Freund besser verstehen.

Und keiner kann einschätzen, welche Bedeutung für das Kinderleben die Tatsache hat, daß man sich an Mohrles Seite ausweinen kann, daß es Mohrle ganz egal ist, ob einen die anderen doof finden, ob man schlechte Noten in der Schule hat oder ob man in der E-Jugend des örtlichen Fußballvereins immer nur auf der Ersatzbank sitzt. Für Mohrle ist sein kleiner Menschenfreund in jeder Situation der Größte.

In den USA werden ja alle möglichen Fragen untersucht. Dort gibt es auch Erhebungen, die der Frage nachgehen, wie die spätere Lebenszufriedenheit mit Tierhaltung in der Kindheit zusammenhängt. Will man diesen glauben, so steigt die Lebenszufriedenheit, übrigens einschließlich des

lich, daß Hunde gerade bei Kindern eine hohe Bedeutung für den Reifungsprozeß haben.

Bei alten Hunden kommt in diesem Zusammenhang auch dazu, daß Kinder die schmerzhaften, aber natürlichen Erfahrungen mit dem Tod eines Freundes machen werden. Daß der Tod zum Leben gehört, erfahren wir in der heutigen Gesellschaft kaum mehr. Menschlicher Tod ist tabuisiert, er findet meist hinter Krankenhaustüren statt, und man spricht nicht darüber. Die menschliche Vergänglichkeit hat keinen Platz in unserer Zeit.

Das ist ein Mangel und ein Verlust, weil wir die Sterbenden damit allein lassen und weil wir nicht die Lehren ziehen, die sich aus unserer Vergänglichkeit ergeben. Hunde, gerade alte Hunde, können hier unsere Lehrmeister sein und uns helfen, danach zu fragen, was wirklich wichtig ist im Leben.

beruflichen Erfolgs, in dem Maße, in dem man eine innige Beziehung zu Hunden hatte. Das soll jetzt nicht dazu verleiten, Kindern mit Schulproblemen Hunde statt Tabletten zu geben, es macht aber immerhin deut-

Wettbewerb in Altersfrische

Hundeliteratur ohne Senioren

Wenn Sie sich in Buchläden oder Zoofachhandlungen umschauen, finden Sie eine Unzahl von Büchern und Zeitschriften. Als Hundehalter können Sie sich über alles informieren, was wichtig ist: über die Überlegungen vor und die Probleme nach dem Hundekauf, über Rasse- und über Misch-

lingshunde, über Krankheiten und über Erziehung, über Neurosen und Verhaltensstörungen, über Massage beim Hund und über Sternbilder, die für Ihren Liebling gelten, über die Geschichte der Hund-Mensch-Beziehung und den Hund in der Kunstgeschichte. Die Datenlage ist schier unübersehbar. Aber suchen Sie einmal ein Buch, ein Heft oder eine Titelgeschichte in einer Hundezeitung, die das Thema »Alter Hund« aufgreift.

Die Tiermedizin nähert sich diesem Thema zwar, aber für die populäre Literatur existiert es nicht. Wahrscheinlich herrscht die Meinung vor, über einen alten Hund gäbe es nichts mehr zu sagen. Das ist schade, und es ist falsch. Neben all den medizinischen Fragen, die Hundebesitzer zum Thema Alter haben, gibt es eine Menge Themen, die interessant sind und Menschen und Hunden weiterhelfen könnten, und lustige Geschichten gerade von alten Hunden gibt es in Fülle.

Wir finden hier wieder einmal das gleiche Phänomen, das wir schon mehrfach angesprochen haben. Das hundliche Alter wird wie das menschliche Alter behandelt: Man ignoriert es in der Öffentlichkeit, oder man reduziert es auf ein medizinisches Problem.

In Vereinszeitungen trifft man ab und zu einmal kleine Berichte über einen Hund, der für die jeweilige Rasse ein besonders hohes Alter erreicht hat. Das ähnelt ein bißchen den Fotoberichten in den Amtsblättern, in denen der Bürgermeister mit einem verblüfften 100jährigen Muttchen in die Kamera strahlt.

Auch die Publikationen zum Thema Hund funktionieren nach dem Prinzip: »Hund beißt Herrn« ist keine Meldung wert, aber geschrieben wird, wenn der Herr den Hund beißt. Insofern ist es natürlich eine gute Nachricht, daß über den alten Hund nicht so oft geschrieben wird: Er macht keine Probleme. Wichtig wäre aber, daß besorgten Hundehaltern davon erzählt

wird, daß sie vor dem Alter ihres Hundes keine Angst zu haben brauchen, sondern sich darauf freuen können, weil es ein besonders schöner Lebensabschnitt ist.

Zuchtverbot für Senioren?

Seriöse Zuchtverbände haben seit vielen Jahren ein Zuchtverbot ab einem bestimmten Lebensalter festgelegt. In meinem Hovawart-Verein darf eine Hündin ab ihrem achten Geburtstag nicht mehr belegt werden, und ein Deckrüde darf zum letztenmal in dem Jahr eingesetzt werden, in dem er seinen achten Geburtstag feiert. Dahinter stand der Tierschutzgedanke, der vor allem die Hündinnen vor Ausbeutung schützen sollte.

Diese Altersbeschränkung für Hün-

dinnen sollte meines Erachtens auch beibehalten werden, zumindest bei größeren Rassen. Inzwischen gibt es aber verschiedentlich Bestrebungen, ältere Rüden in der Zucht zu belassen. Dahinter steht die allgemeine Lebenserfahrung, daß es »langlebige« Familien bei den Menschen gibt und ähnliches auch bei bestimmten Hundefamilien beobachtet werden kann. Auch wenn die Wissenschaft sich noch nicht auf ein »Altersgen« festlegen will, spricht die Erfahrung dafür, daß Individuen aus bestimmten Linien sehr alt werden. Warum sollte da nicht ein älterer oder alter Rüde, der gesund und psychisch gut beisammen ist, in der Zucht eingesetzt werden? Denn schließlich weiß man über seinen jüngeren Konkurrenten entschieden weniger. Viele Vereine beginnen derzeit einen Umorientierungsprozeß und belassen Deckrüden weiter in der Zucht, auch wenn das bisher geltende Höchstalter überschritten ist.

Außer Konkurrenz in der Konkurrenz

Bei Hundeausstellungen gibt es lange schon eine Seniorenklasse. Hier werden Tiere vorgestellt, die ihr achtes Lebensjahr vollendet haben. Es ist für den Züchter, die interessierte Öffentlichkeit und natürlich auch für den stolzen Besitzer immer eine große Freude, einen rüstigen, gesunden und gepflegten Senior vorstellen zu können.

Hundefreunde binden sich eng an ihren vierbeinigen Kumpel und wollen natürlich möglichst lang einen gesunden Hund haben. Zuchtziel muß deshalb immer auch sein, einen langlebigen Hund zu züchten. Das ist unter anderem der Sinn der Seniorenklasse auf Ausstellungen: zu zeigen, wie vital und prächtig so ein Senior sein kann.

Ein Züchter kann stolz sein, wenn aus seinem Zwinger viele dieser Senioren auf Ausstellungen oder Vereinstreffen kommen. Wenn man einen solchen guten Züchter für die schönen Junghunde aus seiner Nachzucht lobt, wird der sicher nicht ganz unbescheiden auf den Seniorenring zeigen und sagen: »Die beiden dort, die sind aus meinem ersten Wurf, und auf die bin ich besonders stolz.«

Es wäre wichtig, daß die Zuchtvereine noch viel mehr Möglichkeiten schaffen, einen Eindruck von den älteren und alten Hunden ihrer Rasse zu erhalten. Denn an der Art, wie die Hunde alt werden, und daran, wie alt sie werden, läßt sich eine ganze Menge über Zuchterfolge erkennen. Bei den jungen Tieren hat man quasi einen Blankoscheck auf die Zukunft, bei den alten Hunden ist er eingelöst, und man kann beurteilen, was er wert ist.

Seniorenstift für Hunde?

In den USA kann man seinen Hund, wenn er alt geworden ist, in ein Hunde-Altersheim geben. Erste Versuche, solche Heime einzurichten, gibt es auch in Europa. Wir alle kennen die sogenannten »Gnadenhöfe« für ausgediente Pferde, auf denen diese dann ihr »Gnadenbrot« erhalten.

Ausgedient? Für Pferde mag das angehen, für sie mag es sogar eine Erlösung und Befreiung sein, wenn man an die geplagten Schulpferde oder die oft geschundenen sogenannten Sportpferde denkt. Diese Tiere haben eine bestimmte Aufgabe erfüllt, sie haben keine vergleichsweise enge Bindung an einen Menschen, und ihnen geht es ohne diese Aufgabe bestimmt besser.

Hunde haben heute nur noch in den seltensten Fällen eine solche Aufgabe. Die Aufgabe der meisten Hunde besteht heute darin, Kumpel, Partner, Tröster, Spielgefährte oder Sportpartner ihrer Menschen zu sein. Diese Aufgabe endet nicht mit dem Erreichen eines bestimmten Alters. Sie endet nur dann, wenn der menschliche Teil dieser Beziehung sie aufkündigt.

Es gibt einige Gründe, die es notwendig machen können, sich von einem alten Hund zu trennen. Sein Alter ist es nicht!

Wer auch nur in Erwägung zieht, seinen Hund wegzugeben, wenn er alt geworden ist — und sei es in ein noch so teures »Altersheim« —, hat die Freundschaft und Gesellschaft eines Hundes nicht verdient — Punktum.

Man mag über die Beweggründe der

Menschen rätseln, die solche Seniorenheime gründen und ihre Dienste anbieten. Vermutlich spekulieren sie mit dem schlechten Gewissen unfähiger Hundebesitzer. Wir können nur hoffen, daß es bei uns keine »Nachahmungstäter« in Sachen Altersheim für Hunde gibt, und keine Menschen, die meinen, sie müßten ihren alten Freund dort abgeben.

Wer seinen Hund nicht selbst behalten kann, kann auch im Zoofachgeschäft fragen. Oft kennt man dort Menschen, die gerne für einen Hund sorgen würden.

Zum Abschied

Scheiden tut weh

Sie alle kennen Menschen, die sehr um ihren toten Hund trauerten. Da sieht man zum Beispiel Männer weinen, die das sonst niemals in der Öffentlichkeit tun würden. Da gibt es aber auch eine Menge Verständnislosigkeit bei Leuten, die keine Hunde haben. Vielleicht haben Sie selbst schon einen Hund verloren, dann kennen Sie die Schwere des Verlustes.

Der große, sachliche, vernünftige Verhaltenforscher Konrad Lorenz sagte, nachdem er 65 Jahre lang mit Hunden zusammengelebt hatte: »Es ist eine Grausamkeit dieser Welt, daß die Lebensdauer des Hundes um so viel kürzer ist als die des Menschen.«

Diese große Trauer rührt daher, daß wir kein anderes Lebewesen haben, das mit dieser Loyalität und unerschütterlichen Zuneigung an uns hängt, das uns niemals verrät, das immer da ist und uns liebt, ganz gleich, wie wir in der Menschenwelt angesehen sind.

Für dieses Zusammengehören und für den Schmerz beim Abschied gibt es in der Kulturgeschichte der Hund-Mensch-Beziehung vielfältige Zeugnisse. Von fast allen großen Dichtern, die Hunde hielten oder Hunde mochten, gibt es Essays oder Gedichte, die an ihren toten Freund erinnern sollen. Eines der schönsten davon schrieb meines Erachtens Pablo Neruda, der große leidenschaftliche Dichter Chiles:

Ein Hund ist gestorben

Mein Hund ist gestorben.

Ich begrub ihn im Garten
neben einer alten verrosteten Maschine.

Dort, nicht weiter unten,
nicht weiter oben,
wird er sich einmal mit mir vereinen.
Jetzt ist er weg, mit seiner Haarfarbe,
seiner üblen Erziehung, seiner kühlen Nase.
Und ich, Materialist, der nicht daran glaubt,
daß es den verheißenen himmlischen Himmel
für irgendeinen Menschen gibt,
glaube für diesen Hund oder für jeden Hund
an den Himmel, ja, ich glaube an einen Himmel,
in den ich nicht komme, doch wo er mich erwartet,
seinen Fächerschwanz schwenkend,
damit es mir bei der Ankunft nicht an Freundschaft fehle.

Ach, ich will nicht von der Traurigkeit reden,
daß ich ihn hier auf der Erde nicht mehr als Gefährten habe,
ihn, der mir niemals ein Diener gewesen ist,
er hegte für mich Igelfreundschaft,
die seine Unabhängigkeit wahrte,
die Freundschaft eines selbständigen Sterns,
ohne überflüssige Vertraulichkeit,
ohne Übertreibungen:
er sprang nicht an meiner Kleidung empor,
bedeckte mich nicht mit Haaren und Schorf,
er rieb sich nicht an meinem Knie,
wie es andere, geschlechtsbesessene Hunde tun.

Nein, mein Hund schaute mich an,
schenkte mir die Aufmerksamkeit, die ich brauchte,
soviel Aufmerksamkeit, wie nötig ist,
um einen Eitlen begreifen zu lassen,
daß er, als Hund
mit diesen Augen, reiner als die meinen,
die Zeit verlor, doch er schaute mich an
mit dem Blick, der sein ganzes
sanftes, zottiges Leben für mich bereithielt,

sein verschwiegenes Leben,
dicht bei mir, ohne mich je zu belästigen
und ohne irgendetwas von mir zu verlangen.

Ach, wie oft wünschte ich mir einen Schwanz,
wenn ich neben ihm ging über die Ufer
der See, im Winter von Isla Negra,
in der großen Einsamkeit: droben die Luft
durchschossen von eisigen Vögeln,
und hüpfend mein Hund, struppig, erfüllt
von der wellenwerfenden Kraft elektrischer
Meeresspannung,
mein streunender, schnupperseliger Hund,
hissend den goldenen Schweif
im Anblick des Ozeans und seines Gischts.

Fröhlich, fröhlich, fröhlich,
wie Hunde glücklich sein können,
einfach so, mit der Unumschränktheit
unverschämter Natur.

Kein Adieu für meinen Hund, der gestorben ist.
Zwischen uns gibt es und gab's keine Lüge.

Er ist weg, und ich begrub ihn, und das war alles.
(aus: Pablo Neruda, Letzte Gedichte, Darmstadt 1975)

Gedichte und Geschichten sind Denkmäler für Hunde. Neben solchen geistigen Erinnerungen gab es immer auch schon richtige Denkmäler für Hunde. Viele von Ihnen kennen sicherlich die Geschichte vom treuen Akita Inu in Japan, der täglich zur Bahnstation ging, um sein Herrchen abzuholen. Als sein Herr nicht mehr mit der Bahn ankam, weil er gestorben war, ging der treue Hund trotzdem weiter täglich nachmittags zum Bahnhof — in der Hoffnung, seinen Herrn begrüßen zu können. Heute steht an seinem Warteplatz seine Statue als Symbol der Treue.
Der berühmte Lord Byron setzte seinem Neufundländer Botswain ein Denkmal. Auf der Platte des Grabmals im Park von New Steat steht:

An dieser Stelle ruhen die Gebeine von einem,
Welcher Schönheit besaß ohne Eitelkeit,
Stärke ohne Übermut − Mut ohne Wildheit
Und alle Tugenden des Menschen ohne seine Laster.
Dieses Lob, unpassende Schmeichelei wäre es,
über menschliche Asche geschrieben.
Nur ein gerechter Tribut ist es
Für das Andenken von Botswain, einem Hunde,
Der geboren war auf Neufundland Mai 1803
Und starb zu Newsteat Abbey 18. November 1808.

Grabmäler und Denkmäler für Hunde gibt es schon sehr, sehr lange, manche heben den praktischen Wert des Hundes hervor, wie eine Grabinschrift aus dem 17. Jahrhundert, die uns heute zum Schmunzeln reizt:

Die Diebe lief ich an, den Buhlern schwieg ich stille:
so ward vollbracht des Herrn und auch der Frauen Wille.
(zitiert nach BRACKERT/KLEFFENS, 1989)

Schon aus der Antike kennen wir Totengedenkstätten für Hunde, etwa die Mausoleen, die der römische Kaiser Hadrian (76−138) seinen Hunden errichten ließ. Eine Praxis, die dann vom Preußenkönig Friedrich II. (1712−1786) extensiv geübt wurde. Der Alte Fritz verfügte testamentarisch, daß er in einem Mausoleum beigesetzt werden wolle, das von den Gräbern seiner Lieblingshunde umgeben sein solle. Über zweihundert Jahre dauerte es, bis 1991 der Wunsch des Alten Fritz in Erfüllung ging.
Auch die einfachen Leute begannen bald damit, Totengedächtnisse für ihre Lieblinge anzulegen – von Grabplatten bis hin zu »Zimmermausoleen«, in denen die Asche des toten Hundes aufbewahrt wurde, reichen diese Hunde-Gedenkstätten.

Eine ganz besondere Form des Toten-gedenkens wurde in der sogenannten »Dermo-Plastik« geschaffen, das heißt im Ausstopfen des Tieres. Im 19. Jahrhundert wurde dies in ganz Europa Mode.

Die berühmteste Hunde-Dermo-Plastik steht zweifellos im naturhistorischen Museum in Bern: Barry, der Held vom Augustiner-Kloster am Großen Sankt Bernhard, der 40 Menschen gerettet haben soll und starb, als er beim 41. Rettungsversuch von einem Soldaten der geschlagenen Armee Napoleons irrtümlich erstochen wurde (vgl. dazu KAISER, 1993).

Ich bin froh, daß diese Mode aus der Mode gekommen ist. Aber auch unsere Zeit treibt seltsame Blüten. Umgerechnet 2000 Mark kostet zum Beispiel ein Seemannsgrab für einen Hund in den USA, und das Geschäft mit dem Bestattungswesen für Haustiere, besonders für unsere Hunde, boomt.

Die Hundefriedhöfe in deutschen Großstädten legen ebenfalls ein beredtes Zeugnis von der modernen Form der Totenverehrung ab.

Wie man sich an seinen Hund erinnern möchte, ist Geschmackssache. Solange man nicht die guten Sitten und das Recht anderer dabei verletzt, soll jeder mit seiner ganz persönlichen Form des Trauerns selig werden können.

Sehr viel wichtiger ist es, daß jeder Hundehalter den Abschied von seinem Tier in Würde und mit Anstand vollzieht.

Eine Gnade und ein Privileg: das Einschläfern

Als meine Freundin Inge morgens die Treppe ins Erdgeschoß hinunterstieg, lag ihre alte Bora im Korb, als ob sie schliefe – sie war in der Nacht gestorben. Der schwerkranke alte Husky Jeff weckte nachts sein Herrchen und führte ihn in den kühlen Keller, in dem er sommers gerne die Tage verdöste. Dort angekommen, legte sich Jeff nieder, schnaufte einmal aus und verstarb.

Einen solchen Abschied wünschen sich die meisten Hundebesitzer. Ihr Freund soll friedlich und in gewohnter Umgebung einschlafen. Aber genau dieser Abschied ist nur wenigen gegönnt. Meist kommt am Schluß eben doch ein Leiden dazu, das von uns eine Entscheidung fordert. Das ist immer eine schwere Entscheidung, weil wir immer hoffen, weil wir uns gerne etwas vormachen und weil wir uns einfach nicht von unserem Hund trennen wollen.

Die meisten Hundehalter, die ich kenne, haben nicht das Problem, daß sie ihren alten Hund »zu früh« einschläfern ließen, um sich Unannehmlichkeiten zu ersparen, sondern daß sie sich »zu spät« dazu ein Herz gefaßt haben.

Oftmals braucht man dann den Rat von Freunden und vor allem einen Tierarzt an seiner Seite, der einem sagt, wenn man aus falsch verstandener Liebe handelt oder eben nicht handelt.

Besprechen Sie mit Ihrem Tierarzt die folgenden Fragen, und prüfen Sie sich selbst:

- Wie ist die Prognose für meinen Hund?
- Kann man den Hund schmerzfrei halten, und hat er noch Freude am Leben?
- Sind Sie bereit und fähig, richtig für Ihren Hund zu sorgen?
- Trägt Ihre Familie die Entscheidung mit?

Wenn Sie und Ihr Tierarzt der Meinung sind, es sei besser für den Hund, wenn man ihn einschläfert, dann zögern Sie nicht. Sie »töten« Ihren Hund nicht, sondern Sie haben das Recht, die Pflicht und das Privileg, auch in dieser Frage für ihn die beste Entscheidung zu treffen. Und bei Hunden kann es eine große Gnade sein, ihnen vorhersagbare Angst, Schmerzen und Leid zu ersparen oder diese abzukürzen.

Denken Sie daran, daß Ihr Hund nur in der Gegenwart lebt. Er weiß nicht, was war, und er kann auch nicht auf eine Zukunft vertrauen. Ihm geht es jetzt schlecht, und er leidet jetzt. Er kann nicht an die schönen gemeinsamen Jahre denken und sich mit Erinnerungen trösten. Er lebt immer mit all seiner Lebenslust und seinem Lebensleid in der Gegenwart. Denken Sie daran, und machen Sie vom Privileg des Einschläferns im Interesse Ihres Hundes Gebrauch, auch wenn es natürlich sehr schwer für Sie ist – Sie sind es Ihrem Hund schuldig.

Beim Tod eines Hundes gibt es, anders als beim Tod eines Menschen, einen Trost: Besorgen Sie sich einen neuen Hund. Wenn Sie Ihr Leben weiter mit einem Hund teilen wollen, dann zögern Sie nicht, gleich mit der Suche nach einem Nachfolger zu beginnen. Er wird ein anderer Hund sein als sein Vorgänger, aber er wird der gleiche Freund werden, der der alte für Sie war. Sie werden Ihrem alten Freund nicht untreu, wenn Sie sich bald wieder einen neuen Hund holen. Sie ehren damit sein Andenken beziehungsweise die einmalige Beziehung zwischen Hund und Mensch.

Zum Schluß

Natürlich müssen wir uns bewußt sein, daß unser alter Hund sterben kann, aber davon sollten wir uns die gute Zeit mit ihm nicht verdunkeln lassen.

Sie sorgen einfach dafür, daß es Ihrem alten Freund gutgeht, und freuen sich an einem der besten Hunde, den es überhaupt gibt: an Ihrem alten Hund!

Literaturempfehlungen

BECKMANN, G.: Der Hunde-Knigge. Reinbek 1990.
BECVAR, W.: Naturheilkunde für Hunde. Stuttgart 1994.
BRACKERT, H. und C. VAN KLEFFENS: Von Hunden und Menschen. München 1989.
BREHM, H.: Gesunde Ernährung für Hunde. Stuttgart 1993.
BREHM, H.: Unser Hund ist krank. Stuttgart 1991.
FEDDERSEN-PETERSEN, D.: Hundepsychologie. Stuttgart 1989.
KAISER, H.: Ein Hundeleben. Cloppenburg 1993.
OCHSENBEIN, U.: ABC für Hundebesitzer. Zürich 1991.
RAKOW, B.: Der homöopathische Hundedoktor. Stuttgart 1992.
SCHNEIDER, A. und W.: Hundekrankheiten. Stuttgart 1987.
TELLINGTON-JONES, L. und S. TAYLOR: Der neue Weg im Umgang mit Tieren. Stuttgart 1993.
WHITNEY, G. D.: Alter Hund, glücklich und gesund. Zürich 1978.

Register

Register